Linda Thornton, Pat Brunton
Illustrationen von Martha Hardy

Aktivitätenheft für die frühkindliche Bildung
Lebendige Natur

1. Auflage

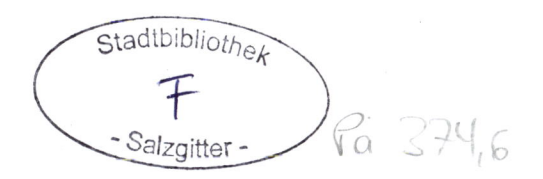

Bestellnummer 50365

Bildungsverlag EINS

Haben Sie Anregungen oder Kritikpunkte zu diesem Buch?
Dann senden Sie eine E-Mail an BV50365@bv-1.de
Autoren und Verlag freuen sich auf Ihre Rückmeldung.

Sie finden uns im Internet unter:
www.bildungsverlag1.de
www.bildung-von-anfang-an.de

Bildungsverlag EINS
Sieglarer Straße 2, 53842 Troisdorf

ISBN 978-3-427-**50365**-1

© Copyright 2008: Bildungsverlag EINS GmbH, Troisdorf
Das Werk und seine Teile sind urheberrechtlich geschützt. Jede Nutzung in anderen als den gesetzlich zugelassenen Fällen bedarf der vorherigen schriftlichen Einwilligung des Verlages. Hinweis zu § 52 a UrhG: Weder das Werk noch seine Teile dürfen ohne eine solche Einwilligung eingescannt und in ein Netzwerk eingestellt werden. Dies gilt auch für Intranets von Schulen oder sonstigen Bildungseinrichtungen.

Copyright der Originalausgabe: © Featherstone Education Ltd., 2005, United Kingdom
Übersetzung aus dem Englischen: Hildegard Czinczoll
Bearbeitung: Bettina Klopsch
Umschlagfoto: Bildungsverlag EINS, Troisdorf

Inhalt

Einführung 4
Klassifikation der Lebewesen 10

Teil 1 – Lebensprozesse
Das alltägliche Leben 18
Was essen wir heute? 20
Vogelfutter 22
Wie bewegen sich Tiere fort? 24
Können Pflanzen sich bewegen? 26
Sieh mal, was ich kann! 28
Wie groß sind die Bohnen schon geworden? 30
Was geschieht, wenn ich renne? 32
Was wächst aus diesen Samen? 34
Wessen Kind bin ich? 36
Was siehst du? 38
Ich mag diesen Geruch 40
Wer macht hier Lärm? 42
Kann ich bitte zur Toilette gehen? 44

Teil 2 – Die Haltung von Lebewesen
Die Haltung von Lebewesen 46
Regenwürmer 48
Spinnen 50
Schnecken 52
Raupen 54
Heuschrecken 56
Froschlaich und Kaulquappen 58

Teil 3 – Lebensräume schaffen
Rund um Ihre Einrichtung 60
Die Gestaltung eines tierfreundlichen Gartens 61
Blumen zum Anlocken von Fluginsekten pflanzen 62
Der Komposthaufen 63
Ein Holzstoß 64
Gemüse ziehen 65
Ein Heim für Tiere in freier Natur 66
Teiche, Tümpel und Pfützen 67
Die Anlage eines Teiches, Beckens oder Sumpfes 68
Im Wald 70
Am Meer 73

Nützliche Hinweise, Bücher und Hilfsmittel 76

Einführung

Das Aktivitätenheft für die frühkindliche Bildung *Lebendige Natur* stellt verschiedene Ideen und Aktivitäten vor, die dazu beitragen, das Bewusstsein von Kindern für die Welt, in der sie leben, zu entwickeln. Die behandelten Themen umfassen Pflanzen und Tiere und es werden sowohl kurze als auch längerfristige Projekte vorgeschlagen. Jedes Kapitel bietet wichtige Hintergrundinformationen, die bei der Organisation und Klassifikation der Lebewesen relevant sind.

Diese Vorschläge sollen Sie dabei unterstützen, Ihre Forschungsaktionen mit den Kindern fundiert zu gestalten, und die Kinder dazu anregen, mehr über die wunderbare Vielfalt unserer natürlichen Umgebung herauszufinden zu wollen.

Warum sind Lebewesen ein so wichtiger Erfahrungsbereich für das frühe Kindesalter?

Die Erforschung von Lebewesen

- baut auf der natürlichen Neugier von Kindern hinsichtlich ihrer Umwelt auf und bietet daher starke Anreize, ihre Aufmerksamkeit zu gewinnen;
- bietet zahlreiche Gelegenheiten für das Erkunden und Lernen aus eigener Anschauung;
- regt Kinder dazu an, unter Einsatz aller Sinne aufmerksam zu beobachten;
- fördert die Fähigkeiten der Kinder, sich ihre Umwelt anzueignen, und ein wachsendes Verständnis für ihre Verantwortung anderen Lebewesen gegenüber;
- hilft den Kindern, mehr über sich selbst und die Funktionen ihres Körpers zu erfahren;
- entwickelt ein Verständnis für die Vergangenheit, die Veränderung im Laufe der Zeit und für längerfristige Erforschung und Erkundung;
- regt Kinder an, aktiv zu sein und die Umgebung im Freien zu genießen und zu schätzen.

Der Aufbau des Buches

Das Buch *Lebendige Natur* ist in drei Hauptabschnitte unterteilt: „Lebensprozesse", „Die Haltung von Lebewesen" und „Lebensräume schaffen". Am Ende des Buches finden Sie einen Abschnitt mit Hinweisen zu weiterführenden Informationen, Hilfsmitteln und Büchern.

Teil 1 – Lebensprozesse behandelt die sieben grundlegenden Lebensprozesse, die allen Lebewesen eigen sind, und enthält Beispiele aus der Tier- und Pflanzenwelt sowie mögliche Aktivitäten, die sich speziell auf diese verschiedenen Prozesse beziehen. Unterstützt werden diese in einem weiteren Abschnitt mit Anregungen unter der Überschrift „Weitere Vorschläge ...", in dem ähnliche oder erweiterte Aktionen vorgeschlagen werden, die auf den einzelnen Themen aufbauen. Die jeweiligen Schlüsselwörter sowie Hinweise auf Lieder, Geschichten und Kinderreime sind an entsprechender Stelle angegeben.

Teil 2 – Die Haltung von Lebewesen gibt praktische Tipps für die Haltung verschiedener Lebewesen in Ihrer Einrichtung. Die Kinder erhalten dabei Gelegenheit, Tiere eingehend zu erforschen und zu beobachten, wie sie sich mit der Zeit verändern. Darüber hinaus bietet dieser Abschnitt Vorschläge für einfache Forschungsaktionen einschließlich wichtiger Sicherheitshinweise.

Teil 3 – Lebensräume schaffen wirft einen detaillierteren Blick auf verschiedene natürliche Umgebungen, die um uns existieren, sowie auf die verschiedenen Pflanzen- und Tierarten, die dort leben. Dies hilft den Kindern, die Bedeutung der verschiedenen Naturräume zu erkennen und erste Überlegungen hinsichtlich der eigenen Verantwortung für deren Achtung und Erhaltung anzustellen. Auch bietet sich hier die Gelegenheit, bei den Kindern ein Verständnis dafür zu entwickeln, wie sich Pflanzen und Tiere an ihre Umwelt anpassen.

Angebot geeigneter Hilfsmittel, mit denen die Kinder ihre Umgebung sicher erkunden können

Hierzu könnten die folgenden Dinge gehören:
- Schaufeln, Eimer, Schubkarren und Spaten in Kindergröße;
- Gummistiefel und regenfeste Kleidung;
- Kameras zur Dokumentation von Funden, Ereignissen und Veränderungen im Laufe der Zeit;
- Lupendosen, Lupen und transparente Plastikdosen zum Sammeln von Insekten, Spinnen und Würmern;
- ein oder mehrere Plastikaquarien als Vivarium für Schnecken, Gespenstheuschrecken, Spinnen und Raupen;
- Standlupen sowie gutes Zeichenmaterial und Papier, um die Kinder zum genauen Beobachten und Zeichnen anzuregen;
- Pflanztöpfe aus Plastik, Gartenerde, Saatschalen und Übertöpfe;
- Samen, Blumenzwiebeln, Pflanzen und Ableger;
- Material und Werkzeug zum Bau von Vogelhäusern, Vogelbädern und Knabberhölzern;
- gutes Fernglas in Kindergröße;
- Nachschlagewerke und Auskunftsstellen (die örtliche Bücherei ist sicher eine gute und hilfreiche Quelle).

Förderung einer „lebewesenfreundlichen" Umwelt

Die Gestaltung der physischen Umgebung Ihrer Einrichtung über einen gewissen Zeitraum fördert die Ansiedlung der verschiedensten Lebewesen dort. Dies kann durch folgende Maßnahmen erfolgen:
- Es können Blumen- oder Gemüsebeete geschaffen werden, die für die Kinder leicht zugänglich sind. Darin kann gegraben, gepflanzt, gejätet und geerntet werden und vielleicht lassen sich auch Schmetterlinge und Bienen anlocken.
- Ein Teil des Gartens kann dem Wildwuchs überlassen werden, sodass Wildblumen, Insekten, Käfer und Schmetterlinge angezogen werden.
- In einem feuchten, schattigen Bereich kann ein niedriger Holzstoß errichtet werden, der von Insekten, Moos, Pilzen, Flechten, Farn und vielleicht Fröschen, Kröten und Igeln bevölkert wird.
- Es können Knabberhölzer, ein Vogelbad oder ein paar Nistkästen an verschiedenen Stellen rund um die Einrichtung aufgebaut werden.
- Es könnte ein Komposthaufen zum Recycling von Gartenabfällen oder ein Wurmkasten zur Verwertung von Gemüseschalen und -resten aus der Einrichtung angelegt werden.

- Eine Regentonne kann zum Sammeln von Regenwasser aus der Regenrinne aufgestellt werden, das bei trockenem Wetter für den Garten verwendet werden kann.
Stellen Sie sicher, dass es sich hierbei um ein geschlossenes System mit fest sitzendem Deckel handelt, den die Kinder nicht öffnen können!

Im Buch werden weitere Informationen zur Weiterentwicklung dieser Vorschläge gegeben, die Ihnen helfen, die Gestaltung Ihrer Einrichtung zu planen.

Die Rolle der Erzieherin/des Erziehers

Den Kindern zuhören
Kindern zuzuhören heißt nicht nur, ihren Worten zuzuhören, sondern auch, sich der verschiedenen Formen nonverbaler Kommunikation bewusst zu sein, die sie vielleicht anwenden – durch Gesten oder Körperhaltung oder auch durch die Länge der Zeit, die sie mit einer Aktivität verbringen. Zuzuhören heißt offen und empfänglich für Ideen und Möglichkeiten und flexibel genug zu sein, die Gelegenheiten zu nutzen, die sich bieten. Dazu ist eine Atmosphäre nötig, in der Kinder den Mut haben, ihre Ideen vorzubringen, ohne fürchten zu müssen, dass sie ausgelacht werden oder etwas Falsches sagen.

Die Kinder ermutigen, Fragen zu stellen und Gespräche zu führen
Den Kindern ein interessantes und sich immer wieder veränderndes Umfeld zu bieten, das sie erkunden können, ist der beste Weg, ihre natürliche Neugier zu fördern, ihnen Gelegenheit zu geben, Fragen zu stellen und über Entdeckungen, die sie machen, zu reden. Spontane Entdeckungen – ein Wurm in der Erde, ein Spinnennetz oder eine Schnecke unter einem Blumentopf – bieten hervorragende Ausgangspunkte für die Entwicklung der Fähigkeit, Fragen zu stellen. Achten Sie auf die Wichtigkeit offener Fragestellungen wie zum Beispiel:

„Was glaubt ihr, wie sich der Wurm anfühlt, wenn wir ihn vorsichtig in die Hand nehmen?"
„Ich frage mich, ob die beiden Enden des Wurms wohl gleich sind."
„Wie kommt die Spinne von einem Ort zum anderen, wenn sie ein Netz spinnt?"
„Ist die Spinne ein Weibchen oder ein Männchen?"

„Warum versteckt sich die Spinne wohl unter dem Topf?", „Was glaubt ihr, wie schnell sie sich bewegen kann?", „Glaubt ihr, sie könnte weglaufen, wenn sie Angst hat?", „Habt ihr die Linien auf dem Schneckenhaus bemerkt? Ich frage mich, wozu sie dienen."

Offene Fragen regen die Kinder an, eigene Ideen und Erklärungen zu äußern, und führen häufig zu guten Vorschlägen für Forschungsaktionen, die Sie und die Kinder gemeinsam durchführen können.

Die Formulierung „Was glaubt ihr" zeigt, dass Sie die Ansichten aller Kinder wertschätzen. Sie erweist sich auch als hilfreich, um zurückhaltendere Kinder in Ihrer Einrichtung zu ermutigen, ihre Gedanken zu äußern.

Wenn Sie ein Gespräch mit einer Gruppe von Kindern führen, ist es wichtig zu zeigen, dass Sie alle geäußerten Ideen und Theorien der Kinder wertschätzen, nicht nur diejenigen, die für „wissenschaftlich korrekt" gehalten werden. Die Vorstellungen und Theorien von Kindern beruhen auf den vielen verschiedenen Erfahrungen, die sie gemacht haben, und stellen ihren Weg dar, sich die Welt anzueignen. Ihre Ideen als Ausgangspunkte für weitere Untersuchungen und Erkundungen zu nehmen, ist der ideale Weg, Verständnis und Erfahrung der Kinder sowie ihr Selbstvertrauen und ihre Selbstständigkeit zu fördern. Sorgen Sie sich nicht, wenn Sie die Antworten nicht wissen!

Entwicklung der Kompetenzen, natürlichen Veranlagungen und Kenntnisse der Kinder

Kompetenzen und Neigungen

Die Erforschung und Erkundung der Lebewesen, herauszufinden, wie ihr Körper funktioniert, und zu lernen, wie man mit Lebewesen sorgsam umgeht – all dies bietet zahlreiche Gelegenheiten, die Fähigkeiten und Veranlagungen kleiner Kinder zu fördern.

Dazu gehören folgende Lernziele:

Soziale Kompetenzen:
- Kooperation
- Befolgung von Anweisungen
- Verständnis von Regeln
- persönliche Sicherheit

Praktische Kompetenzen:
- genaues Beobachten
- Einsatz aller Sinne
- manuelle Fertigkeiten
- Koordination von Hand und Auge
- Messen und Zählen

Kommunikative Kompetenzen:
- Sprechen
- Zuhören
- Diskutieren
- Dokumentieren

Argumentations- und Denkkompetenzen:
- Fragenstellen
- Spekulation und Aufstellen von Hypothesen
- Erkennen von Gemeinsamkeiten und Unterschieden
- Problemlösung

Die in diesem Buch vorgestellten Aktivitäten sind so gestaltet, dass sie außerdem folgende Veranlagungen fördern:
- Neugier
- Mitgefühl
- Offenheit
- Bereitschaft, Ideen vorzubringen

Wissen

Ziel dieses Buchs ist es, praktische Hinweise zu geben, die Ihnen helfen, bei den Kindern, mit denen Sie arbeiten und die Sie betreuen, Bewusstsein, Verständnis und Wertschätzung für Lebewesen zu entwickeln.

Es stehen zahlreiche Sachbücher und Quellen zur Verfügung, mit denen Sie Ihr Wissen und Verständnis erweitern können. Viele davon können auch zusammen mit den Kindern benutzt werden.

Für den Fall, dass Sie von einem Kind gefragt werden, ob eine Spinne ein Insekt ist oder ob alle Würmer gleich sind, stellt die folgende Übersicht (für Sie!) die Einteilung und Klassifizierung von Pflanzen und Tieren dar.

Lebendige Natur

Klassifikation der Lebewesen

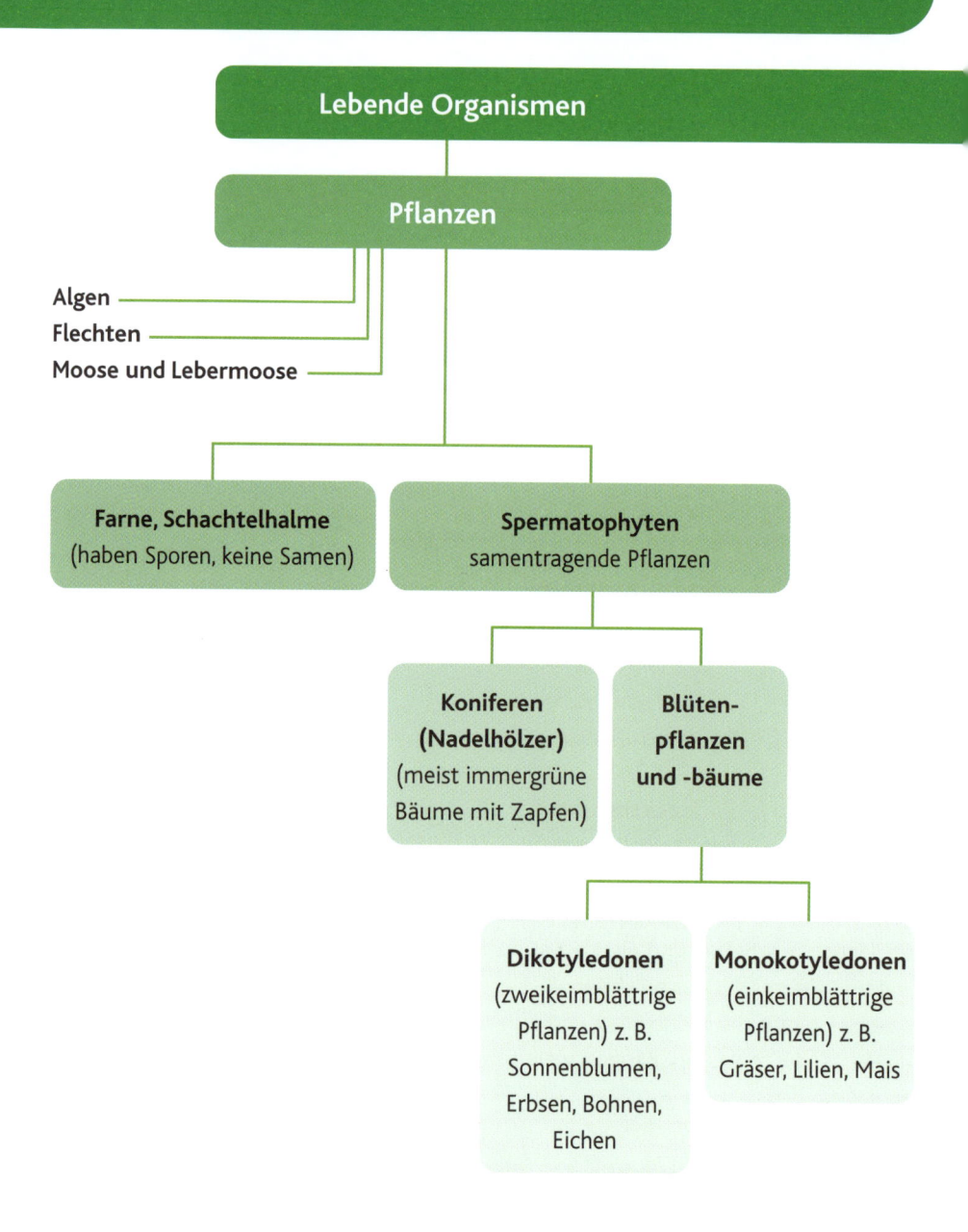

```
                    ┌─────────────────────┐
                    │  Lebende Organismen │
                    └──────────┬──────────┘
                               │
                    ┌──────────┴──────────┐
                    │      Pflanzen       │
                    └──────────┬──────────┘
```

- Algen
- Flechten
- Moose und Lebermoose

Farne, Schachtelhalme
(haben Sporen, keine Samen)

Spermatophyten
samentragende Pflanzen

Koniferen (Nadelhölzer)
(meist immergrüne Bäume mit Zapfen)

Blütenpflanzen und -bäume

Dikotyledonen
(zweikeimblättrige Pflanzen) z. B. Sonnenblumen, Erbsen, Bohnen, Eichen

Monokotyledonen
(einkeimblättrige Pflanzen) z. B. Gräser, Lilien, Mais

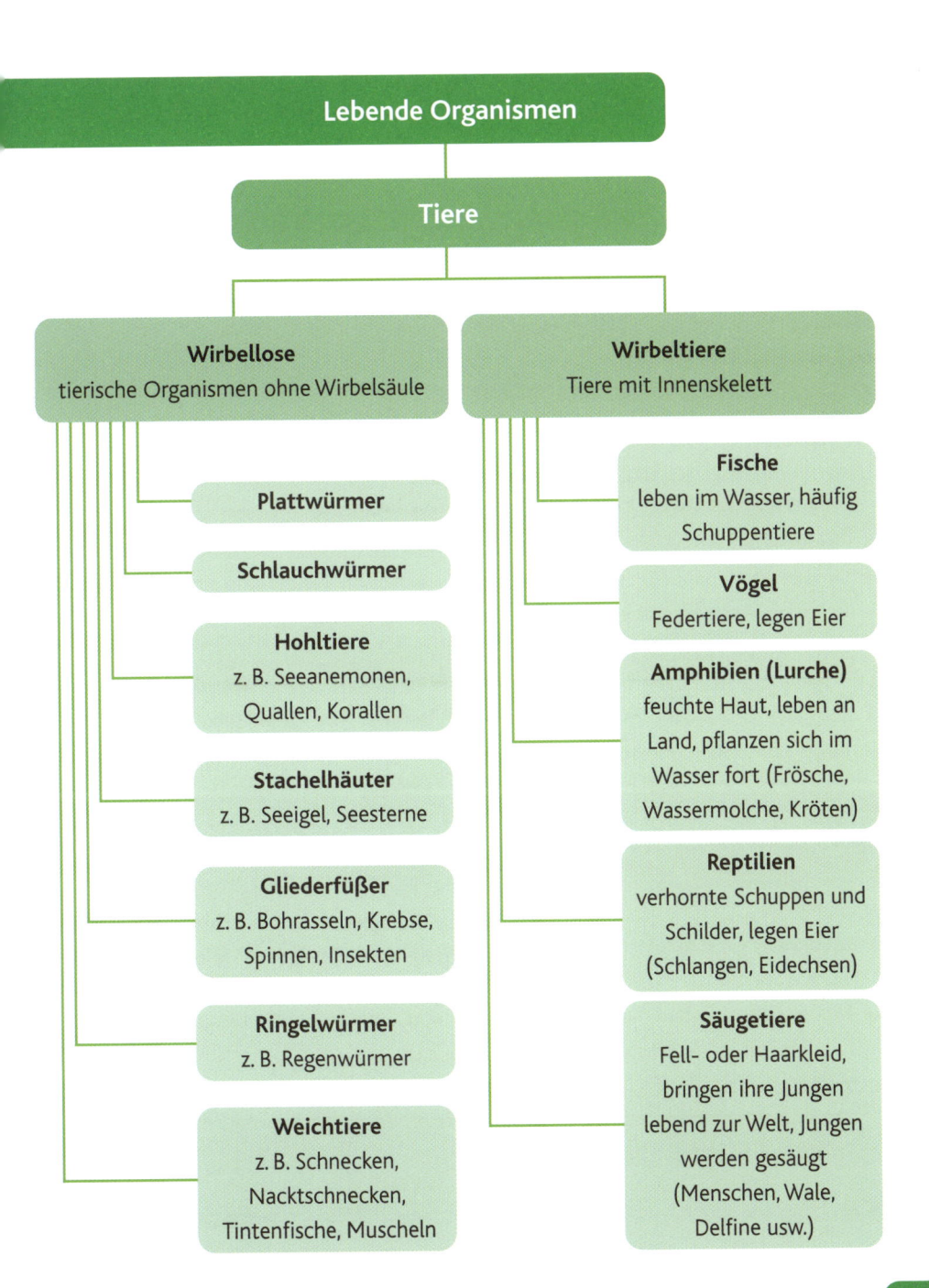

```
                    Lebende Organismen
                             │
                           Tiere
                  ┌──────────┴──────────┐
          Wirbellose                Wirbeltiere
  tierische Organismen           Tiere mit Innenskelett
   ohne Wirbelsäule
```

- **Wirbellose** — tierische Organismen ohne Wirbelsäule
  - **Plattwürmer**
  - **Schlauchwürmer**
  - **Hohltiere** z. B. Seeanemonen, Quallen, Korallen
  - **Stachelhäuter** z. B. Seeigel, Seesterne
  - **Gliederfüßer** z. B. Bohrasseln, Krebse, Spinnen, Insekten
  - **Ringelwürmer** z. B. Regenwürmer
  - **Weichtiere** z. B. Schnecken, Nacktschnecken, Tintenfische, Muscheln

- **Wirbeltiere** — Tiere mit Innenskelett
  - **Fische** leben im Wasser, häufig Schuppentiere
  - **Vögel** Federtiere, legen Eier
  - **Amphibien (Lurche)** feuchte Haut, leben an Land, pflanzen sich im Wasser fort (Frösche, Wassermolche, Kröten)
  - **Reptilien** verhornte Schuppen und Schilder, legen Eier (Schlangen, Eidechsen)
  - **Säugetiere** Fell- oder Haarkleid, bringen ihre Jungen lebend zur Welt, Jungen werden gesäugt (Menschen, Wale, Delfine usw.)

Lebendige Natur

Tiere bestimmen

Wirbellose
Tiere, die kein Innenskelett haben, heißen Wirbellose. Am häufigsten begegnen uns folgende Wirbellose:
- Schnecken und Nacktschnecken – Weichtiere
- Regenwürmer – Ringelwürmer
- Asseln – Krebstiere
- Spinnen – Gliederfüßer mit acht Beinen
- Käfer, Bienen, Wespen und Marienkäfer – Gliederfüßer mit sechs Beinen
- Hundertfüßer und Tausendfüßer – Gliederfüßer mit vielen Beinen
- Seeanemonen – Hohltiere
- Seeigel und Seesterne – Stachelhäuter

Wirbeltiere
Tiere mit Innenskelett heißen Wirbeltiere; sie bilden einen Unterstamm der Chordatiere. Die typischen Merkmale der verschiedenen Klassen von Wirbeltieren sind:
- Fische – haben eine Schuppenhaut, Kiemen, leben im Wasser und sind Kaltblüter
- Lurche – haben eine weiche, feuchte Haut, laichen im Wasser und sind Kaltblüter
- Reptilien – haben trockene, verhornte Körperschuppen, legen ihre Eier an Land mit pergamentartiger Schale und sind wechselwarm
- Vögel – haben Federn, legen Eier mit harten Schalen und sind Warmblüter
- Säugetiere – haben Haare, außer Wale und Delfine, sind lebendgebärend, säugen ihre Jungen mit Milch und sind Warmblüter

Bäume bestimmen

Bei der Bestimmung von Bäumen ist zu beachten, dass sie in zwei Hauptgruppen unterteilbar sind, die von der Gestalt ihrer Blätter bestimmt werden: in Laubbäume und in Nadelbäume.
- Laubhölzer – haben breitflächige Blätter. Die meisten tragen Laub, das im Winter abgeworfen wird.
- Nadelhölzer – haben nadelförmige Blätter und sind in der Regel immergrüne Bäume, die ihre Blätter im Winter behalten.
- Weitere Merkmale, die bei der Bestimmung von Bäumen hilfreich sind, sind Form und Struktur des Baumes, Farbe und Beschaffenheit der Rinde sowie Knospen und Blüten, Früchte oder Samen, die ein Baum trägt.

Laubbäume
Die Laubblätter sind entweder einfach oder zusammengesetzt:
- **Einfache Laubblätter** bestehen aus einem Blatt an einem Blattstiel. Sie können eine lange, schmale Form haben wie bei der Weide oder eine runde Form wie bei der Buche.
- **Zusammengesetzte oder geteilte Laubblätter** bestehen aus mehreren Blättchen oder Ausbuchtungen (Fiedern).
- **Fingerförmig geteilte Blätter** besitzen mehrere Blättchen, die (wie eine gespreizte Hand) von einem Punkt des Blattstiels ausgehen wie bei der Rosskastanie.
- **Gefiederte Blätter** besitzen mehrere Blättchen, die am Blattstiel bzw. an der verlängerten Mittelrippe sitzen wie bei der Esche.

Nadelbäume
Die verschiedenen Arten der Nadelhölzer lassen sich anhand der Form, Größe und Anordnung ihrer Nadeln bestimmen.

Ausrichtung am Bildungsplan für die Elementarstufe

Alle Bundesländer haben in den letzten Jahren neue Bildungspläne eingeführt. Da die Bildungshoheit bei den einzelnen Bundesländern liegt, ist kein einheitlicher Bildungsleitfaden entstanden. Trotzdem sind alle Bildungsbereiche kongruent. Ihnen gemeinsam liegt zugrunde: „Im Vordergrund der Bildungsbemühungen im Elementarbereich steht die Vermittlung grundlegender Kompetenzen und die Entwicklung und Stärkung persönlicher Ressourcen, die das Kind motivieren und darauf vorbereiten, künftige Lebens- und Lernaufgaben aufzugreifen und zu bewältigen, verantwortlich am gesellschaftlichen Leben teilzuhaben und ein Leben lang zu lernen."[1]

Was könnte besser sein, als das Interesse der Kinder durch die Erschließung von Natur und Lebewesen zu wecken?

Die im Aktivitätenheft für die frühkindliche Bildung „Lebendige Natur" vorgestellten Aktivitäten fördern die Erreichung folgender Ziele frühkindlicher Bildung:

**Für die persönliche, soziale und emotionale Entwicklung –
Gesinnung und Einstellung:**
- Selbstsicherheit, Neues auszuprobieren, Vorschläge zu machen und sich in der vertrauten Gruppe mitzuteilen
- anhaltende Aufmerksamkeit, Konzentration und Stillsitzen, wenn erforderlich
- anhaltendes Interesse, Lernfreude und Motivation

---

[1] Gemeinsamer Rahmen der Länder für die frühe Bildung in Kindertageseinrichtungen, Beschluss der Jugendministerkonferenz vom 13./14. 05. 2004/Beschluss der Kultusministerkonferenz vom 03./04. 06. 2004.

Selbstsicherheit und Selbstachtung:
Reaktion auf bedeutsame Erfahrungen mit angemessenem Ausdruck verschiedener Gefühle
Entwicklung eines Bewusstseins für die eigenen Bedürfnisse, Ansichten und Gefühle und Wahrnehmung der Bedürfnisse, Ansichten und Gefühle anderer
Aufbau von Beziehungen:
Beteiligung innerhalb der Gruppe oder Klasse, Abwechseln und gerechtes Teilen, Verständnis für die Notwendigkeit gemeinsamer Werte und Verhaltensregeln für Gruppen von Menschen – für Erwachsene und Kinder – im Hinblick auf die gemeinsame Arbeit
Verhalten und Selbstbeherrschung:
Überdenken der Folgen eigener Äußerungen und Handlungen für sich selbst und für andere
Eigene Fürsorge:
selbstständige Auswahl von Aktivitäten und selbstständiger Einsatz von Arbeitsmitteln

Für Wissen und die Erschließung von Welt:
- Erforschen von Objekten und Materialien mit allen geeigneten Sinnen
- Erkunden und Benennen von Merkmalen beobachteter Lebewesen, Gegenstände und Ereignisse
- aufmerksames Betrachten von Gemeinsamkeiten, Unterschieden, Mustern und Veränderung
- Formulieren von Fragen darüber, warum Dinge geschehen und wie Dinge funktionieren

Fähigkeiten, Dinge zu gestalten und anzufertigen:
- Bauen und Konstruieren mit vielfältigen Objekten unter Auswahl geeigneter Materialien und Anpassen der Arbeit, wenn die Situation es erfordert

Informations- und Kommunikationstechnik:
- Erkunden und Benennen alltäglicher technischer Anwendungen und Einsatz der Informations- und Kommunikationstechnik zur Unterstützung des Bildungsprozesses

Zeitverständnis:
- Unterscheidung zwischen Vergangenheit und Gegenwart
- Erkunden vergangener und aktueller Ereignisse aus dem eigenen Leben sowie dem der Familie und anderer bekannter Menschen

Ortskenntnis:
- Beobachtung, Erkundung und Benennung von Merkmalen des eigenen Wohnorts und der natürlichen Umgebung
- Erkunden der Umwelt und Gespräche darüber, was man mag und was man nicht mag

Für Sprache, Kommunikation und Literacy – Sprache für die Kommunikation:
- Interaktion mit anderen durch gemeinsame Planung und Aktivitäten sowie wechselnde Übernahme der Sprecher- und Zuhörerrolle
- aktives Zuhören, Auseinandersetzung mit Gehörtem durch entsprechende Kommentare, Fragen oder Handlungen
- Erweiterung des Vokabulars, Erkunden der Bedeutung und des Klangs neuer Wörter

Sprache für das Denken:
- Einsatz der Sprache zur Strukturierung, Ordnung und Klärung von Gedanken, Ideen, Gefühlen und Ereignissen

Lesen:
- Erkunden von und Experimentieren mit Lauten, Wörtern und Texten

Schreiben:
- Schreibversuche aus verschiedenen Anlässen und in verschiedenen Formen, z. B. Listen, Geschichten, Anleitungen

Für die mathematische Entwicklung – Zahlwörter:
- Sprechen und Verwenden von Zahlwörtern in der richtigen Reihenfolge im bekannten Kontext

Zählen:
- Verwenden von Wörtern wie „mehr" oder „weniger" zum Vergleich zweier Zahlen

Form, Raum und Maße:
- Verwenden von Wörtern wie „größer", „kleiner", „schwerer" oder „leichter" zum Vergleich von Mengen
- Anwendung alltäglicher Sprache zur Beschreibung von Positionen
- Einsatz von entwickelten mathematischen Denkweisen und Methoden zur Lösung praktischer Probleme

Für die körperliche Entwicklung:
- selbstsichere, kreative und sicherheitsbewusste Bewegung
- kontrollierte und koordinierte Bewegungsabläufe

Gesundheits- und Körperbewusstsein:
- Grundverständnis über die eigene Gesundheit und die Möglichkeiten, sich gesund zu halten
- Erkennen der Veränderungen des eigenen Körpers bei aktiver Bewegung

Verwendung von Geräten, Werkzeugen und Materialien:
- Verwendung verschiedener kleiner und großer Geräte
- sichere und zunehmend gezielte Handhabung von Werkzeugen, Bau- und modellierbaren Materialien

Für die kreative Entwicklung – Fantasie:
- Einsatz der Fantasie beim Malen und Gestalten, bei Musik und Tanz, Fantasie- und Rollenspiel und Geschichten
- verschiedene Methoden der Verarbeitung von Dingen, die zu sehen, hören, riechen, berühren oder zu fühlen sind

Lebensprozesse

Dieser Teil des Aktivitätenheftes *Lebendige Natur* widmet sich den sieben grundlegenden Lebensprozessen, die allen Lebewesen eigen sind, sowohl Pflanzen als auch Tieren. Die folgenden Hintergrundinformationen geben einen Überblick über diese Lebensprozesse:

Ernährung
Tiere fressen Pflanzen oder andere Tiere.
Pflanzen besitzen die Fähigkeit, durch Nutzung des Sonnenlichts ihre eigene Nahrung zu produzieren, indem sie Kohlendioxid in Kohlenwasserstoffe umwandeln.
Dieser Vorgang heißt Fotosynthese und vollzieht sich in den Blättern und grünen Teilen der Pflanzen.

Bewegung
Alle Tiere bewegen sich fort, je nach Aufbau ihres Körpers auf unterschiedliche Art und Weise. Pflanzen sind mit ihren Wurzeln im Boden verankert und können sich daher nicht von der Stelle bewegen. Jedoch bewegen sich ihre Blätter und Blüten als Reaktion auf äußere Bedingungen, z. B. Licht.

Wachstum

Die meisten Tiere wachsen so lange, bis sie ihre optimale Größe erreicht haben und ausgewachsen sind.
Das weitere Wachstum beschränkt sich dann auf die Erneuerung beschädigten Gewebes.
Pflanzen wachsen im Allgemeinen ihr Leben lang weiter.

Atmung

Die Atmung besteht bei Tieren darin, die in der Nahrung gespeicherte Energie freizusetzen, mit der alle anderen Lebensprozesse unterstützt werden. Die Atmung umfasst das Einatmen von Sauerstoff aus der Luft und den Transport dieses Sauerstoffs über den Blutkreislauf durch den Körper. Die Energie wird durch eine chemische Reaktion in den Körperzellen freigesetzt.
Bei der Atmung der Pflanzen werden Nahrungsmoleküle, die in den Pflanzenzellen gespeichert sind, abgebaut und die Energie wird freigesetzt.

Fortpflanzung

Alle Lebewesen sterben irgendwann, doch sie besitzen die Fähigkeit, sich fortzupflanzen, um das Überleben der Spezies zu sichern. Säugetiere, auch Menschen, haben in der Regel eine geringe Anzahl von Nachkömmlingen und investieren sehr viel in die Aufzucht der Jungen bis zu ihrer Reife. Andere Tiere, z. B. Fische und Frösche, und auch die meisten Pflanzen produzieren einen großen Nachwuchs, der sich dann „selbst überlassen" ist.

Wahrnehmung

Tiere benutzen ihre Sinne für die Nahrungssuche und zur Abwendung von Gefahren.
Für die verschiedenen Tiere sind unterschiedliche Sinne besonders wichtig – als Menschen verlassen wir uns sehr stark auf unseren Sehsinn.
Alle Pflanzen reagieren auf Licht und Schwerkraft, wobei einige, z. B. Venusfliegenfalle und Mimose, auch den Einsatz des Tastsinns entwickelt haben.

Ausscheidung

Alle lebenden Systeme produzieren Abfallstoffe, die sie loswerden müssen. Hierzu zählen bei Tieren Urin, Fäkalien und Kohlendioxid, ein Abfallprodukt der Atmung, das beim Ausatmen „entsorgt" wird.
Pflanzen scheiden beim Atmungsprozess Abfallgase aus, Laubhölzer werfen ihre Abfallstoffe Jahr für Jahr ab, wenn die Blätter fallen.

Das alltägliche Leben

Thema: Lebensprozesse

Dieses Projekt bietet einen natürlichen Anlass, mit Kindern über Lebensprozesse zu sprechen. Es baut auf ihrem Wissen über die tägliche Routine auf und kann als Ausgangspunkt für Überlegungen zu Lebensprozessen, die für alle Lebewesen gelten, genommen werden. Wenn Sie ein Bild unserer täglichen Handlungen entworfen haben, können darauf aufbauend die weiteren Aktivitäten in diesem Teil des Buchs herangezogen werden, um verschiedene Lebensprozesse genauer zu beleuchten.

Sprechen Sie mit den Kindern über die Dinge, die sie jeden Tag tun. Helfen Sie ihnen, die Dinge zu nennen, die sie tun, bevor sie in die Einrichtung kommen und wenn sie wieder nach Hause gehen. Vielleicht können Sie dabei Bilder und Zeichnungen verwenden.

Darauf ist zu achten

- Berücksichtigen Sie Alter und Entwicklungsstand der Kinder. Nicht zu kompliziert!
- Die Kinder kommen aus unterschiedlich strukturierten Familien. Niemanden ausschließen!

Das brauchen Sie

- Fotos der Kinder, auf denen sie mit alltäglichen Tätigkeiten beschäftigt sind
- Bilder von Häusern, Zimmern usw.
- Uhr
- Zeitschnur (eine Wäscheleine und Wäscheklammern wären hilfreich)

Schlüsselwörter

- Tag und Nacht
- waschen
- Frühstück
- Mittagessen
- Abendessen
- Zuhause
- einkaufen
- trinken
- fühlen
- riechen
- essen
- sich bewegen
- Toilette

Das tun Sie

- Wenn Sie Bilder, Zeichnungen oder Fotos an die Wäscheleine hängen, hilft dies den Kindern, eine Ordnung zu erstellen, und ermöglicht Ihnen, die Tätigkeiten für verschiedene Kinder neu anzuordnen oder neue hinzuzufügen.
- Am Ende der Gesprächsrunde präsentieren Sie einen Tagesablauf (oder den Ablauf eines Teils des Tages bei jüngeren Kindern), der in etwa so aussieht:

aufwachen	(Bewegung, Sinne)
aufstehen	(Bewegung, Sinne)
zur Toilette gehen	(Ausscheidung, Sinne)
frühstücken	(Ernährung, Sinne)
in die Kindertagesstätte/in die Krippe usw. gehen	(Bewegung, Sinne)
mit Freunden spielen	(Bewegung, Sinne)
eine Kleinigkeit essen	(Ernährung, Sinne)
zur Toilette gehen	(Ausscheidung, Sinne)
Hände waschen	(Bewegung, Sinne)
zu Mittag essen	(Ernährung, Sinne)
zur Toilette gehen	(Ausscheidung, Sinne)
nach Hause gehen	(Bewegung, Sinne)
einkaufen gehen	(Bewegung, Sinne)
draußen spielen	(Bewegung, Sinne)
zu Abend essen	(Ernährung, Sinne)
baden	(Bewegung, Sinne)
vorlesen	(Sinne)
zu Bett gehen	(Bewegung)

In dieser Liste sind bereits zahlreiche Anlässe für Gespräche über die verschiedenen Lebensprozesse zu erkennen.

Die Bereiche, die möglicherweise nicht unmittelbar genannt werden, sind:

Atmung: Atmen ist etwas, das wir automatisch tun, und wird im Gespräch daher möglicherweise nicht genannt.

Wachstum: Das Angebot von Aktivitäten, die die Kinder über einen längeren Zeitraum regelmäßig wiederholen können, unterstützt das Gefühl für Wachstum.

Fortpflanzung: Frühling und Frühsommer sind eine gute Zeit, Kinder auf die Geburt neuer Babys in der Tierwelt aufmerksam zu machen.

Was essen wir heute?

Thema: Ernährung

Alle Tiere, auch wir Menschen, müssen essen, um zu überleben. Indem die Kinder Erfahrungen mit verschiedenen Arten von Nahrungsmitteln machen, beginnen sie, ein Bewusstsein für die Bedeutung einer gesunden, ausgewogenen Ernährung zu entwickeln. Auch gibt dies Gelegenheit zu erkennen, dass wir uns je nach Wohnort und Essensgewohnheiten in der Familie oder unserer religiösen und kulturellen Wurzeln unterschiedlich ernähren.

Zur Erinnerung

Wir essen regelmäßig, um uns die Energie zuzuführen, die wir für Wachstum, Bewegung und Wärmung benötigen. Um gesund zu bleiben, benötigen wir ein ausgewogenes Verhältnis von Eiweiß, Kohlenhydraten und Fett und täglich ausreichend Wasser.
Einige Tierarten, z. B. Katzen und Löwen, fressen nur Fleisch. Sie heißen Fleischfresser. Andere Tiere, z. B. Kühe, Schafe und Elefanten, fressen nur Pflanzen. Sie heißen Pflanzenfresser. Tiere, die Fleisch und Pflanzen fressen, heißen Omnivoren oder Allesfresser. Menschen sind Omnivoren, jedoch gibt es auch Vegetarier unter ihnen, die kein Fleisch essen. Die meisten Vögel sind Allesfresser, da sie von tierischer und pflanzlicher Nahrung leben.

Darauf ist zu achten

- Es können Lebensmittelallergien bei Kindern vorliegen, z. B. bei Nüssen oder Milchprodukten.
- Führen Sie Koch- oder Nahrungszubereitungsaktionen durch, damit die Kinder lernen, Heißes oder scharfe Messer sicher zu handhaben.
- Vermitteln Sie den Kindern grundlegende Regeln der Lebensmittelhygiene, u. a. die Bedeutung des gründlichen Händewaschens.

Schlüsselwörter

- Nahrung
- Obst
- Gemüse
- Frühstück
- Mittagessen
- Kaffee und Kuchen
- Abendessen
- Imbiss
- Getränk
- Wasser
- schälen
- schneiden
- hacken
- in Scheiben

Lebendige Natur

Das brauchen Sie
- Kochbücher und Zeitschriften mit Abbildungen von Nahrung
- Lupen
- einen Korb mit Obst und Gemüse, darunter auch einige unbekanntere Arten

Das tun Sie
- Sprechen Sie mit den Kindern über die verschiedenen Mahlzeiten, die sie im Laufe des Tages einnehmen. Betonen Sie die Wichtigkeit des Frühstücks.
- Sprechen Sie anhand von Bilderbüchern, illustrierten Kochbüchern und Bildern aus Zeitschriften über die verschiedenen Arten von Lebensmitteln, die wir essen.
- Ermuntern Sie die Kinder zu äußern, was sie gerne essen. Suchen Sie davon Bilder.
- Stellen Sie einen Korb mit verschiedenen Obst- und Gemüsesorten bereit.
- Fordern Sie die Kinder auf, den Inhalt des Korbs zu untersuchen, alle Sinne einzusetzen und genau zu beobachten.
- Sprechen Sie mit den Kindern darüber, wie sich die verschiedenen Obst- und Gemüsesorten anfühlen, wie sie riechen und aussehen.
- Beobachten Sie, wie viele verschiedene Möglichkeiten die Kinder sich ausdenken, den Inhalt des Korbs zu ordnen oder zu sortieren.
- Besprechen Sie, welche Zutaten sich gut für einen Salat eignen würden – für einen Obstsalat, einen Gemüsesalat oder eine Mischung aus beiden.
- Helfen Sie den Kindern, die Zutaten zu schälen, in Stücke oder Scheiben zu schneiden.
- Genießen Sie das fertige Produkt!

Weiterführende Ideen
- Geben Sie den Kindern die Zutaten für belegte Brote, die sie selber zubereiten, und machen Sie draußen oder drinnen ein kleines Picknick.
- Bitten Sie Eltern, die aus anderen Kulturen stammen, in der Gruppe über typische Gerichte – und darüber, wie diese zubereitet werden – zu sprechen.
- Kochen oder bereiten Sie die Gemüsearten zu, die auf Ihrem Außengelände wachsen.
- Organisieren Sie einen Besuch auf dem Wochenmarkt, im Supermarkt oder in einem Café.

Lieder, Reime und Geschichten
„Backe, backe Kuchen"
„Forelle blau"
Kinderspiel: „Schokoladenessen", „Kartoffellauf"
Zungenbrecher: „Fischers Fritze fischt frische Fische"

Vogelfutter

Thema: Ernährung

Vögel in den Außenbereich Ihrer Einrichtung zu locken, wird das ganze Jahr über für die Kinder von Interesse sein. Sie haben die Möglichkeit, verschiedene Vogelarten zu sehen und zu erkennen und ein Bewusstsein für die Nahrung zu entwickeln, die die Vögel zu sich nehmen. Denken Sie daran, verschiedene Futterarten in unterschiedlichen Höhen auszulegen, um Vögel mit unterschiedlicher Ernährungsweise zu versorgen.

Zur Erinnerung

Verschiedene Vogelarten werden von unterschiedlicher Nahrung angelockt. Stellen Sie frisches Wasser (zum Trinken und Baden) und Futter für die Vögel bereit. Überfüllen Sie die Futterplätze, besonders die in Bodennähe, nicht. Futterreste können Räuber oder Ungeziefer anlocken.

Darauf ist zu achten

- Stellen Sie sicher, dass die Kinder verstehen, dass das Vogelfutter für die Vögel und nicht für sie da ist.
- Achten Sie auf Kinder, die allergisch auf Erdnüsse reagieren.
- Erinnern Sie die Kinder daran, ihre Hände zu waschen, nachdem sie Tierfutter jeglicher Art angefasst haben.

Schlüsselwörter

- Vogel
- Schnabel
- Flügel
- Kopf
- Füße
- Futter
- Brust
- Feder
- Samen
- Nüsse
- Erdnüsse
- Wasser
- aufhängen
- Tisch
- Haken
- Fenster
- picken

Das brauchen Sie
- Vogelfutter – Samen, Nüsse, Brotkrumen
- Knabberhölzer
  (selbst gemacht oder gekauft)
- Fernglas
- illustrierte Vogelbücher
- Klemmbretter

Das tun Sie
- Sprechen Sie mit den Kindern über das, was sie bereits über Vögel wissen.
- Sehen Sie sich Bilder von bei uns verbreiteten Gartenvögeln an und helfen Sie den Kindern, die Unterschiede zwischen ihnen festzustellen. Sprechen Sie über ihre Farbe, Größe, Form, die Form und Farbe der Schnäbel, Beine, Federn usw.
- Besprechen Sie, was Vögel gerne fressen und wo sie ihre Nahrung finden können.
- Sehen Sie sich die verschiedenen Vogelfutterarten an, die Ihnen zur Verfügung stehen, und sprechen Sie über Größe, Form, Farbe und Beschaffenheit der Nüsse und Samen.
- Gehen Sie ins Außengelände und entscheiden Sie gemeinsam mit den Kindern, wo die Futterkolben aufgehängt werden können. Schön wäre, wenn das Futter vom Innenbereich aus leicht zu sehen ist.
- Um die Vogelbeobachtung noch interessanter zu gestalten, könnten Sie im Innenraum einen Vogelausguck gestalten, indem Sie eines der Fenster in Kinderhöhe mit schwarzem Papier verhängen und Gucklöcher hineinschneiden.
- Erinnern Sie die Kinder daran, regelmäßig nachzusehen, welche Vögel zum Fressen an die Futterstellen kommen.
- Helfen Sie Ihnen, das Fernglas zu benutzen, um die Vögel aus der Nähe beobachten zu können, und stellen Sie Bilder und Vogelbücher zur Verfügung, sodass die Kinder die Vögel, die sie sehen, auch bestimmen können.
- Sprechen Sie beim Auffüllen der Futterstellen über die verschiedenen Vögel, die die Kinder gesehen haben, und darüber, welche Nahrung sie jeweils bevorzugen.

Weiterführende Ideen
▶ Helfen Sie den Kindern, die Tageszeiten festzuhalten, zu denen die Vögel zum Fressen kommen.
▶ Führen Sie Buch über die verschiedenen Vogelarten, die zu Ihnen ins Außengelände kommen.
▶ Gestalten Sie den Rollenspielbereich zu einem Vogelausguck um.
▶ Gehen Sie in den Park und füttern Sie dort die Enten.
▶ Sehen Sie sich Bilder von Vögeln in unterschiedlichen Lebensräumen an – Seevögel, Raubvögel, Laufvögel.

Lebendige Natur

Wie bewegen sich Tiere fort?

Thema: Bewegung
Alle Tiere bewegen sich, jedoch auf unterschiedliche Weise. Wie sich ein Tier fortbewegt, hängt von seinem Körperaufbau, von seinem Lebensraum und von seiner Anpassung an die Umgebung, in der es lebt, ab. Tiere bewegen sich fort, um Nahrung, Wasser und Schutz zu suchen und um Gefahren zu entfliehen.

Zur Erinnerung
Vertebraten (Wirbeltiere) wie wir Menschen besitzen ein aus Knochen bestehendes Innenskelett.
Dort, wo die Knochen aufeinandertreffen, sitzen Gelenke, die es ermöglichen, dass wir Körperteile wie Arme und Beine bei der Bewegung beugen können.
An den Knochen sitzen Muskelpaare, die sich bei der Bewegung zusammenziehen und entspannen.
Die Energie, die die Muskeln benötigen, stammt von der Nahrung, die wir zu uns nehmen.
Wirbellose besitzen kein Innenskelett und bewegen sich auf unterschiedliche Art und Weise, je nachdem, wie ihr Körper aufgebaut ist.

Darauf ist zu achten
- Stellen Sie sicher, dass die Kinder ausreichend Platz haben, um sich frei zu bewegen, ohne dass sie an Gegenstände oder gegen andere Kinder stoßen.
- Diese Aktion eignet sich besonders für den Außenbereich.

Schlüsselwörter
- Arm
- Bein
- Hand
- Finger
- Ellbogen
- Knie
- Kopf
- Schulter
- Fuß
- Zehe
- gehen
- laufen
- kriechen
- fliegen
- schwimmen
- hüpfen
- klettern
- springen
- Gelenk
- beugen

Lebendige Natur

Das brauchen Sie
- Fotos von Menschen, auf denen Arme, Beine usw. zu sehen sind
- Darstellungen des menschlichen Skeletts
- einen Raum, in dem sich eine Gruppe frei umherbewegen kann
- Bücher und Bilder, die Tiere und ihre verschiedenen Fortbewegungsarten zeigen: gehen, laufen, krabbeln, hüpfen, fliegen, schwimmen usw.

Das tun Sie
- Nehmen Sie die Fotos und Bilder als Ausgangspunkt für ein Gespräch über Körperteile.
- Spielen Sie z. B. „Kopf und Schulter, Knie und Fuß" oder „Zeigt her eure Füße".
- Regen Sie die Kinder an zu überlegen, auf welche unterschiedlichen Arten sie sich fortbewegen können. Probieren Sie diese aus, entweder einzeln oder im Rahmen des Spiels „Fischer, Fischer, wie tief ist das Wasser?".
- Sprechen Sie über die verschiedenen Körperteile, die die Kinder bei den einzelnen Fortbewegungsarten benutzen.
- Helfen Sie den Kindern, anhand von Büchern, Bildern und Fotografien eine Bildersammlung von Tieren, die sich auf unterschiedliche Art fortbewegen, zusammenzustellen. Zum Beispiel:

  Vögel – fliegen, laufen, schwimmen   Frösche – hüpfen
  Würmer – sich schlängeln und kriechen Affen – klettern und sich schwingen
  Fische – schwimmen   Pferde – galoppieren und springen

- Spielen Sie „Was bin ich?": Ein Kind denkt sich ein Tier aus und imitiert dessen Fortbewegung. Die Kinder versuchen zu erraten, um welches Tier es sich handelt.

Weiterführende Ideen
- Erfinden Sie mit den Kindern einen Tanz, in dem die Fortbewegung verschiedener Tiere nachgeahmt wird.
- Vergleichen Sie die Bewegungen von Fingern und Zehen bei einem Spiel miteinander, in dem die Kinder versuchen müssen, kleine Gegenstände mit den Zehen aufzuheben.
- Gestalten Sie den Rollenspielbereich zur Tierarztpraxis um.
- Bieten Sie Tiermasken oder Puppen an, sodass die Kinder die Tierbewegungen besser nachempfinden können. Oder spielen Sie Dschungel, Zoo oder Bauernhof als Rollenspiele.

Lieder, Reime und Geschichten
Spiel und Lied: „Häschen hüpf"
Spiel: „Der fliegende Fisch", „Schlangenschwanztanz", „Ponyhof"

Können Pflanzen sich bewegen?

Thema: Bewegung
Pflanzen bewegen sich, wenn auch auf unauffälligere Weise als Tiere, da ihre Wurzeln im Boden verankert sind. Die Bewegung von Pflanzen vollzieht sich eher langsam, was eine gute Möglichkeit bietet, die Kinder auf kleine Veränderungen über einen längeren Zeitraum aufmerksam zu machen.

Zur Erinnerung
Da Pflanzen Licht als Energiequelle benötigen, reagieren Pflanzen auf Licht damit, dass sie sich ihm zuwenden. Die Wurzeln wachsen nach unten und die Triebe in die Höhe, weil die verschiedenen Pflanzenteile unterschiedlich auf die Einflüsse der Schwerkraft reagieren. Kletterpflanzen dienen häufig als gutes Beispiel für Bewegung, da sich die Ranken um Stützen winden und der Pflanze so helfen, hoch ans Licht zu wachsen.

Darauf ist zu achten
- Verwenden Sie nur Pflanzen und Samen, von denen Sie wissen, dass sie sicher zu handhaben und ungiftig sind.
- Sorgen Sie dafür, dass die Kinder sich nach dem Umgang mit Pflanzen und Samen oder nach Gartenarbeiten die Hände waschen.
- Stellen Sie den Kindern Gartengeräte in geeigneter Größe zur Verfügung.
- Erinnern Sie sie daran, dass sie die Samen nicht essen dürfen.

Schlüsselwörter
- Samen
- Pflanze
- Kresse
- Wasser
- Komposterde
- Topf
- Licht
- Wicke
- Sonnenblume
- sich drehen
- Ranke
- klettern

Lebendige Natur

Das brauchen Sie
- Kressesamen
- Watte, alte Geschirrtücher oder Löschpapier
- kleine Plastikbehälter
- Wicken- und Sonnenblumensamen
- Plastiktöpfe
- Pflanzerde
- Lupen

Das tun Sie
Kresse drinnen ziehen
- Betrachten Sie die Samen genau. Sprechen Sie mit den Kindern über die Unterschiede zwischen den einzelnen Samenarten.
- Für die Kressesamen legen Sie gemeinsam mit den Kindern eine Schicht Geschirr-/Küchentuch, Watte oder Löschpapier unten in die Plastikbehälter.
- Gießen Sie ausreichend Wasser darauf, bis die Schicht feucht genug ist, und streuen Sie so viel Kresse darauf, dass die Oberfläche gut bedeckt ist.
- Stellen Sie die Behälter auf die Fensterbank und halten Sie sie feucht.
- Erinnern Sie die Kinder daran, jeden Tag nachzusehen, ob sie noch feucht genug sind, und zu beobachten, was geschieht.
- Sprechen Sie über die Veränderungen, wenn die Samen wachsen.
- Helfen Sie den Kindern, die Pflanzen zu fotografieren und zu zeichnen.
- Wenn die Kresse 2–3 cm hoch ist, sieht man, wie sie sich dem Licht zuwendet.
- Fordern Sie die Kinder auf, genau hinzuschauen, wie sich die Stiele so beugen, dass die Blättchen dem Tageslicht zugewandt sind, das durchs Fenster kommt.
- Drehen Sie die Behälter um und sehen Sie einige Stunden später noch einmal nach, wie sich die Pflanzen gedreht haben.

Weiterführende Ideen
Sie können auch Sonnenblumen und Wicken im Freien pflanzen.
- ▶ Helfen Sie den Kindern, die Samen in Töpfen einzupflanzen.
- ▶ Halten Sie die Erde feucht.
- ▶ Gehen Sie mit den Kindern nach draußen und wählen Sie geeignete Plätze aus, an die die Pflänzchen umgepflanzt werden können. Beide benötigen viel Sonne.
- ▶ Pflanzen Sie die Wicken an einem sonnigen Ort ein, an dem sie in die Höhe klettern können. Befestigen Sie als Kletterhilfe ein Netz an einer Mauer oder einem Zaun.
- ▶ Helfen Sie den Kindern, die Ranken der Wicken zu finden, und beobachten Sie, wie sie sich um die Kletterhilfe winden, damit die Pflanze in die Höhe klettern kann.
- ▶ Wenn die Sonnenblumen blühen, beobachten Sie mit den Kindern, wie sich die Köpfe der Pflanze am Tag drehen, um dem Lauf der Sonne zu folgen.

Sieh mal, was ich kann!

Thema: Wachstum

Das menschliche Wachstum und die Veränderungen bei alternden Menschen zu beobachten, ist ein idealer Weg, die sich entwickelnden Kenntnisse und Kompetenzen von Kindern zu fördern und einzuüben. Kinder lernen dadurch, die Veränderungen, die die Zeit mit sich bringt, zu würdigen, und es kann sich die Gelegenheit für eine einfühlsame Thematisierung von Geburt und Tod bieten.

Zur Erinnerung

Tiere wachsen, bis sie das Stadium der Reife erreicht haben. Bei Menschen liegt dieser Zeitpunkt im Allgemeinen um das Alter von 18 Jahren.

Haben Tiere einmal ihre optimale Größe erreicht, beschränkt sich ihr weiteres Wachstum auf die Reparatur von beschädigtem Gewebe, z. B., wenn man sich geschnitten oder einen Knochen gebrochen hat.

Pflanzen wachsen, solange sie leben, wenn dies auch bei einigen Arten ein sehr langsamer Prozess ist.

Darauf ist zu achten

- Berücksichtigen Sie bei Gesprächen über die Familie die vielen verschiedenen Familienkonstellationen, die vertreten sind.
- Achten Sie darauf, dass die vermittelte Botschaft nicht heißt, „größer ist besser".

Schlüsselwörter

- Baby
- Kleinkind
- Kind
- Jugendliche/Jugendlicher
- Erwachsene/Erwachsener
- jung
- alt
- klein
- groß
- größer
- Mutter
- Vater
- Kleidung
- Schuhe
- Größe
- wachsen

Lebendige Natur

Das brauchen Sie

- Babyfotos der Kinder in Ihrer Einrichtung, ihrer Eltern, Geschwister und anderer Familienangehöriger
- Babykleidung, -schuhe und -spielzeug
- Messlatte oder Zollstock
- eine Digitalkamera

Das tun Sie

- Bitten Sie die Eltern der Kinder, ein paar Baby- und Kleinkindfotos ihrer Kinder zur Verfügung zu stellen. Sie könnten auch ein paar Fotos von Ihnen beisteuern!
- Machen Sie Einzelfotos von den Kindern in Ihrer Einrichtung. Mit einer Digitalkamera könnten Sie die Kinder die Fotos auch selbst machen lassen.
- Sehen Sie sich die Fotos zusammen mit den Kindern an und helfen Sie Ihnen, Gemeinsamkeiten und Unterschiede zu finden.
- Helfen Sie den Kindern, die Fotos in eine Reihenfolge zu bringen, und sprechen Sie über die Menschen, die dort abgebildet sind – was sie anhaben, was sie tun, ob sie liegen, sitzen oder sich umherbewegen. Dies ist eine gute Gelegenheit, die Begrifflichkeiten für Zeiträume anzuwenden – Wochen, Monate und Jahre.
- Besprechen Sie, wie sich die Körpergröße der Kinder mit dem Alter verändert hat. Sehen Sie sich die Größe der Hände und Füße an. Sprechen Sie über das „Herauswachsen" aus Kleidungsstücken und Schuhen und veranschaulichen Sie dies anhand von Babykleidung.
- Hängen Sie in einem Bereich der Einrichtung ein Größendiagramm oder eine Messlatte auf. Organisieren Sie über das Jahr in regelmäßigen Abständen Messungen der Körpergröße, sodass die Kinder sehen, um wie viel sie gewachsen sind.
- Sprechen Sie über die Fähigkeiten von Babys, Kindern und Erwachsenen. Können sich die Kinder erinnern, wozu sie in unterschiedlichen Altersstufen in der Lage waren?
- Betonen Sie, was sie bereits können, was sie fast können und was sie können werden, wenn sie älter sind. Dies bietet einen guten Anlass, eine „Was-ich-kann"-Tabelle für jedes Kind zu erstellen, die die jeweiligen Kompetenzen betont.

Weiterführende Ideen

- Laden Sie einen Elternteil mit einem neugeborenen Baby ein, in der Gruppe mit den Kindern zu sprechen.
- Arrangieren Sie einen Besuch Ihrer Gemeindeschwester/Ihres Gemeindepflegers.
- Helfen Sie den Kindern, ihr persönliches Buch mit ihren Bildern und der „Was-ich-kann"-Tabelle zu gestalten.
- Gestalten Sie den Rollenspielbereich zur Sprechstunde und Beratung der Gemeindeschwester/des Gemeindepflegers um.

Wie groß sind die Bohnen schon geworden?

Thema: Wachstum

Samen beim Keimen und beginnenden Wachstum zuzusehen, ist ein spannendes Projekt, das den Kindern die frühen Stadien des Lebenszyklus einer Pflanze vor Augen führt. Keimen die Bohnen einmal, wachsen und verändern sie sich sehr rasch, sodass es jeden Tag etwas Neues zu sehen gibt. Dadurch werden die Kinder ermuntert, genau zu beobachten und die Aktivität regelmäßig zu wiederholen.

Zur Erinnerung

Pflanzen wie dicke Bohnen produzieren Samen, die in der nächsten Saison zu neuen Pflanzen heranwachsen. Im Innern der harten Außenhülle des Samenkorns liegen zwei halbe Bohnen, die als Vorratslager für den Embryo der Bohnenpflanze dienen. Zwischen den beiden Hälften des Samenkorns ist dies zu sehen – eine winzige Wurzel und zwei winzige Blättchen. Wenn die Bohne eingeweicht wird, beginnt sie zu quellen, der Keimungsprozess setzt ein und das winzige Pflänzchen beginnt zu wachsen. Nach dem Einpflanzen in die Erde dient der Samen als Nahrungslieferant, bis die Pflanze ans Tageslicht gewachsen ist. Nun werden die Blätter grün und nutzen die Sonnenenergie, um durch den Prozess der Fotosynthese das Kohlendioxid aus der Luft in Nahrung umzuwandeln.

Darauf ist zu achten

- Weichen Sie die dicken Bohnen (Saubohnen) zunächst ein, damit sie leichter zu handhaben sind und der Keimungsprozess beschleunigt wird.
- Stellen Sie sicher, dass die Kinder die Samen nicht für Nahrung halten und essen.
- Waschen Sie sich nach dem Umgang mit Samen und Pflanzen stets die Hände.
- Verwenden Sie **niemals** Kidneybohnen – sie sind giftig, solange sie nicht gekocht sind.

Schlüsselwörter
- Bohnen
- Erbsen
- Samen
- Pflanze
- Blatt
- Wurzel
- Nahrung
- Trieb
- wachsen
- Wasser
- feucht
- Erde

Das brauchen Sie
- durchsichtige Plastikbecher
- Löschpapier, so zugeschnitten, dass es um das Becherinnere passt
- Saubohnensamen, über Nacht eingeweicht
- Standlupe

Das tun Sie
- Sehen Sie sich die eingeweichten Bohnensamen mit den Kindern an und vergleichen Sie sie mit Samen, die nicht eingeweicht wurden. Besprechen Sie die von den Kindern genannten Unterschiede – in Größe, Form, Farbe, Beschaffenheit und Geruch.
- Helfen Sie den Kindern, die äußere Hülle bei einem oder zwei Samen abzuschälen, und brechen Sie die beiden Samenhälften vorsichtig auf. Fordern Sie die Kinder auf, sich die winzige Pflanze darin genau anzuschauen. Verwenden Sie hierzu die Standlupe.
- Zeigen Sie den Kindern für die übrigen eingeweichten Bohnensamen, wie sie die Bechergläser innen mit einem Stück Löschpapier auskleiden können. Drücken Sie den Samen vorsichtig hinein, sodass er unten zwischen Löschpapier und Becher steckt.
- Regen Sie die Kinder an, mit ihren eigenen Bohnenbechern ebenso zu verfahren und etwas Wasser auf den Boden des Bechers zu gießen, sodass die Bohne feucht gehalten wird.
- Überlegen Sie, wo die Bohnen platziert werden sollen, sodass sie feucht gehalten und täglich beobachtet werden können. Vereinbaren Sie eine regelmäßige Routine für die tägliche Überprüfung der Bohnen, um festzustellen, wie sie sich verändern.
- Sehen Sie sich die Veränderungen beim beginnenden Wachstum der Bohnen sorgfältig an. Was macht die Wurzel? Was passiert mit den Blättern?
- Helfen Sie den Kindern, das Wachstum der Bohnen mit Zeichnungen und Fotos bildlich zu dokumentieren. Dokumentieren Sie ihre Äußerungen.
- Pflanzen Sie die Bohnenpflanzen im Garten und sehen Sie, ob weitere Bohnen wachsen.

Weiterführende Ideen
▶ Stellen Sie die Zeichnungen, Fotos und Kommentare der Kinder über die wachsenden Bohnen aus.
▶ Stellen Sie die Mittel und Materialien zur Verfügung, mit denen der Rollenspielbereich in ein Gartencenter umgewandelt werden kann.
▶ Pflanzen Sie Kürbissamen, deren Früchte im Herbst geerntet werden können.

Lieder, Reime und Geschichten
Buch: „Wir erleben die Natur. Die Dicke Bohne" von Barrie Watts und Christine Beck, Peters Kinderbuchverlag

Was geschieht, wenn ich renne?

Thema: Atmung
Die Atmung ist ein Vorgang, der meist unbewusst abläuft, solange wir nicht ganz bewusst darüber nachdenken. Eine gute Möglichkeit, die Kinder auf diese absolute Lebensnotwendigkeit aufmerksam zu machen, ist zu rennen, auf der Stelle auf und ab zu hüpfen und dann auf unser Atmen zu achten. Auch bietet dies einen guten Anlass, die Bedeutung regelmäßiger Bewegung für Gesundheit und Wohlbefinden zu betonen.

Zur Erinnerung
Das Ein- und Ausatmen ist nur ein Teil des gesamten Atmungsprozesses, jedoch derjenige, den Kinder am ehesten wahrnehmen können. Die Lunge sitzt beim Menschen in einem luftdichten Sack im Brustkorb. Beim Einatmen ziehen sich die zwischen den Rippen sitzenden Muskeln zusammen und heben den Brustkorb an, während das Zwerchfell tiefer tritt. Der Brustkorb vergrößert sich dabei mit der durch Nase oder Mund eintretenden Luft. Wenn die Muskeln die Rippen wieder loslassen, wird die Brusthöhle kleiner, sodass die Luft beim Ausatmen wieder aus der Lunge herausgedrückt wird. Bei sportlicher Aktivität benötigen die Muskeln rasch zusätzliche Energie, was den Herzschlag und die Atmung beschleunigt.

Darauf ist zu achten
- Berücksichtigen Sie die Kinder, deren Bewegung eingeschränkt ist. Suchen Sie nach anderen Möglichkeiten, ihre sportliche Aktivität zu unterstützen.
- Achten Sie darauf, dass die Kinder nicht hyperventilieren (sehr schnell ein- und ausatmen), da ihnen dabei schwindlig werden kann. Eine Weile auszuruhen, kann leicht Abhilfe schaffen.

Schlüsselwörter
- atmen
- ein
- aus
- schnell
- langsam
- springen
- gehen
- laufen
- Brust
- Lunge
- Rippen
- Herz

Das brauchen Sie
- Bücher mit einfachen Darstellungen des Körperinneren, die die Position der Lunge und des Herzens veranschaulichen
- ein Stethoskop, falls vorhanden (in Kinder-Arztkoffern)
- mehrere Spiegel

Das tun Sie
- Besprechen Sie mit den Kindern die verschiedenen Körperteile und ihre Bezeichnungen anhand der Bilder in den Büchern.
- Bitten Sie sie, so still wie möglich zu sitzen und nachzuspüren, ob sich ein Teil ihres Körpers dennoch bewegt. Zeigen Sie ihnen, wie sie die Hand auf die Brust legen können, sodass sie fühlen, wie sich der Brustkorb auf und ab bewegt.
- Erklären Sie, wie sich dieser Vorgang verstärken lässt, indem man tief einatmet, kurz den Atem anhält und wieder ausatmet.
- Hüpfen Sie nun eine Minute lang auf der Stelle oder lassen Sie die Kinder draußen schnell rennen. Dann sollen die Kinder stoppen und still stehen. Was fällt auf?
- Sprechen Sie über die Geschwindigkeit der Atmung – den Ursprung der Redewendung „außer Atem sein".
- Spüren sie, wie schnell ihr Herz schlägt? Können sie ihren Herzschlag in der Brust fühlen? Versuchen Sie, Atmung und Herzschlag gegenseitig mit einem Stethoskop abzuhören.
- Wiederholen Sie die sportliche Aktivität mehrere Male. Welche anderen Nebeneffekte sportlicher Betätigung erkennen die Kinder (heiß, rot, schwitzen, müde)?
- Machen Sie dies zu einem regelmäßigen Bestandteil des Spielens im Freien.
- Beobachten Sie an einem kalten Tag, was geschieht, wenn man außer Atem ist. Dies ist ein besonders guter Zeitpunkt, sich im Ruhezustand und nach Belastung beim Atmen zu beobachten.

Weiterführende Ideen
▶ Arrangieren Sie den Besuch eines Rettungssanitäters.
▶ Starten Sie in Ihrer Einrichtung eine Fitnesskampagne. Diese könnte darin bestehen, dass Kinder und Eltern ermuntert werden, zu Fuß in die Einrichtung zu kommen, bei jedem Wetter draußen zu spielen sowie täglich auf irgendeine Weise aktiv zu sein.
▶ Gestalten Sie den Rollenspielbereich zur Arztpraxis oder Rettungsstation um.
▶ Organisieren Sie kleine olympische Sommerspiele für alle Altersstufen.

Lieder, Reime und Geschichten
Buch: „Atmen" von Paul Bennet, Saatkorn Verlag
Spiele: „Katz und Maus", „Das wilde Tier", „Schwänzchen klauen"

Was wächst aus diesen Samen?

Thema: Wachstum

Wenn aus Samen Pflanzen gezogen werden, erleben Kinder den Lebenszyklus von Samenpflanzen und entwickeln ein erstes Verständnis dafür. Diese Aufgabe bietet Gelegenheit, Veränderungen über einen Zeitraum zu verfolgen, und fördert das Bewusstsein der Kinder für die Bedeutung der täglichen Pflege der Pflanzen. Hinzu kommt, dass sie etwas Essbares pflanzen, was zu weiteren Erkundungen über die Herkunft verschiedener Nahrungsmittel anregt.

Zur Erinnerung

Pflanzen wachsen weiter in die Höhe, solange sie leben. In bestimmten Stadien bilden sie je nach Pflanzenart spezielle Strukturen aus, nämlich ihre Blüten, in denen sich die Fortpflanzungsorgane befinden. Im Innern der Blüte sitzen die weiblichen und männlichen Teile. Das männliche Geschlechtsorgan heißt Staubblatt – darin wird der Blütenstaub produziert. Das weibliche Geschlechtsorgan heißt Fruchtblatt – es trägt den Fruchtknoten und die Samenanlagen. Bei der Befruchtung wird Blütenstaub durch den Wind oder durch Insekten vom Staubblatt zum Fruchtblatt transportiert. Die bestäubten Samenanlagen wachsen dann zu Samen heran, die die nächste Generation von Pflanzen produzieren.

Darauf ist zu achten

- Dies ist ein langfristiges Projekt, das sorgfältig geplant und bis zum erfolgreichen Abschluss betreut werden muss. Kürbisse sind in der Regel erst im Herbst reif und müssen den ganzen Sommer über gewässert werden.

Schlüsselwörter

- Samen
- Pflanze
- Blumenerde
- Topf
- wachsen
- Wasser
- Blatt
- Blüte
- Obst
- Gemüse
- Insekt
- Blütenblatt

Das brauchen Sie
- verschiedene Samenarten zum Einpflanzen – Melone, Kürbis, Tomaten
- Pflanztöpfe, Pflanzerde, Etiketten
- Tüten mit Komposterde (Substratsack)
- Notizbuch und Kamera zur Dokumentation von Pflanzenwachstum und -entwicklung

Das tun Sie
- Sprechen Sie mit den Kindern über die Blumen und Gemüsearten, die sie kennen.
- Setzen Sie Kataloge für Samenarten und Gartenzeitschriften ein, um die Kinder zu Ideen und Gesprächen anzuregen.
- Pflanzen Sie verschiedene Samenarten in Schalen oder Töpfen in der Einrichtung ein.
- Pflanzen Sie die Setzlinge, wenn sie sich gut entwickelt haben, draußen in einem vorbereiteten Stück Garten oder großen Behälter ein. Unterstützen Sie die Kinder bei der sorgsamen Pflege der Pflanzen.
- Dokumentieren Sie das Pflanzenwachstum mit Bildern und Fotos. Fordern Sie die Kinder auf, in einfacher Form darüber Buch zu führen, wann die Samen keimen, wie schnell sie wachsen und wann sie zu blühen beginnen.
- Sprechen Sie über Farbe und Geruch der Blüten und ermuntern Sie die Kinder, die Pflanzen regelmäßig zu beobachten, um Insekten zu entdecken, die die Blüte aufsuchen.
- Sehen Sie regelmäßig nach, was geschieht, nachdem die Blüten bestäubt wurden. Achten Sie auf abfallende Blütenblätter, die anschwellende Samenanlage und die Ausbildung eines Fruchtkörpers – eines Babykürbis oder einer Babytomate.
- Gießen Sie die Pflanzen regelmäßig und fördern Sie ein kräftiges Wachstum durch regelmäßiges Düngen. Ernten Sie das Gemüse, wenn es voll ausgebildet ist.
- Schneiden Sie das Gemüse auf und helfen Sie den Kindern, es genau zu untersuchen.

Weiterführende Ideen
▶ Verwenden Sie Gartenkürbis, Kürbis oder Tomaten zur Zubereitung verschiedener Speisen, z. B. belegte Brote mit Käse und Tomaten, Chutney oder Kürbiskuchen.
▶ Verbinden Sie dies mit Herbstaktionen zum Thema Jahreszeiten und Ernte.
▶ Gestalten Sie den Rollenspielbereich zum Marktstand um, an dem Obst und Gemüse aus eigenem Anbau verkauft wird.

Lieder, Reime und Geschichten
Gedicht: „Blumenherren und Blumendamen" von James Krüss

Wessen Kind bin ich?

Thema: Fortpflanzung

Dieses Projekt beschäftigt sich mit dem Tierreich und den vielen verschiedenen Anlässen, die es bietet, Kindern die Notwendigkeit zweier Elternteile bewusst zu machen, einem weiblichen und einem männlichen, damit Babys entstehen können. Nutzen Sie die Hinweise in diesem Buch, um Ihre Einrichtung zu einem Ort zu machen, an dem sich möglichst viele verschiedene Würmer und Insekten, Lurche und Vögel vermehren.

Zur Erinnerung

Säugetiere bringen Junge zur Welt, die eine Miniaturausgabe ihrer selbst sind. Alle anderen Wirbeltiere – Vögel, Fische, Lurche und Reptilien – schlüpfen aus Eiern und gleichen ihren Eltern. Manche wirbellose Tiere, z. B. Würmer und Spinnen, schlüpfen als Ebenbild ihrer Eltern aus Eiern, andere jedoch, z. B. Schmetterlinge und Motten, durchlaufen den komplexen Lebenszyklus der Metamorphose. Bei ihrer Wandlung vom Ei bis zum ausgewachsenen Tier vollzieht sich eine komplette Veränderung des Körperaufbaus.

Schlüsselwörter
- Junges
- Ei
- wachsen
- Erwachsener
- schlüpfen
- Geburt
- klein
- größer
- Veränderung

Das brauchen Sie
- Bilder und Fotos von Tierbabys und ihren Eltern (Säugetiere, Vögel, Fische usw.)
- Bereiche in Ihrer Einrichtung, an denen die nötigen Bedingungen für die Fortpflanzung verschiedener Tierarten geschaffen wurden

Lebendige Natur

Das tun Sie

Vergleich von Jungen und Eltern
- Sehen Sie sich die Bilder der Tierbabys gemeinsam mit den Kindern an. Gestalten Sie die Auswahl so vielfältig wie möglich – Haustiere, einheimische Wildtiere, Vögel, Fische, Reptilien, Wirbellose.
- Fordern Sie die Kinder auf, genau zu beobachten und zu beschreiben, was sie sehen.
- Fragen Sie sie, was die Jungen ihrer Ansicht nach tun, wie sie fressen, wie sie sich bewegen und wie sie sich schützen. Dadurch wird das Vokabular der Kinder erweitert und ihr Verständnis der grundlegenden Lebensprozesse gefördert.
- Vergleichen Sie die Tierbabys mit ihren Eltern und sprechen Sie über die verschiedenen Veränderungen, die es bis zum Erwachsenenalter für die jungen Tiere geben wird.

Tierbabys suchen
- Gehen Sie im Frühling und Sommer in Ihrem Außengelände auf die Jagd nach kleinen Tieren. Suchen Sie nach Babywürmern, -bohrasseln, -schnecken, -spinnen und -käfern. Sie könnten einige Exemplare für kurze Zeit mit in die Einrichtung nehmen, damit die Kinder sie genauer betrachten können.
- Stellen Sie rund um die Einrichtung Vogelhäuschen auf, in denen verschiedene Vogelarten nisten können. Fordern Sie die Kinder auf, diese regelmäßig zu beobachten und Ausschau nach Anzeichen für frisch geschlüpfte Vogeljunge zu halten.
- In einem kleinen Teich könnten Frösche und Kröten brüten.
- Legen Sie einen Schmetterlingsgarten mit bunten Pflanzen und Blumen an.

Weiterführende Ideen
▶ Machen Sie einen Zoo oder Bauernhof aus dem Rollenspielbereich.
▶ Besuchen Sie den städtischen Zoo oder einen Bauernhof im Ort zu der Zeit, in der Junge zur Welt kommen.
▶ Laden Sie einen Vogel- oder Kleintierzüchter zu einem Gespräch mit den Kindern in Ihre Einrichtung ein.
▶ Gehen Sie im Frühjahr in den Park und beobachten Sie Enten mit ihren Küken.

Lieder, Reime und Geschichten
Buch: „Wir tragen noch das Kinderkleid" von Susanne Riha, Annette Betz Verlag
Fingerspiel: „Vom Vogelnest"
Gedicht: „Von Raupe und Schmetterling"
Reim: „Suse" von Victor Blüthgen
Lied: „Zwischen Berg und tiefem Tal"

Lebendige Natur

Was siehst du?

Thema: Sinne – Sehen

Der Sehsinn ist für uns der dominanteste der fünf Sinne. Auf ihn verlassen wir uns am stärksten. Diese Aktion bietet den Kindern viele Anlässe, aufmerksam hinzuschauen, während sie die Dinge in ihrer Umwelt beobachten und wahrnehmen. Dabei werden durch Verwendung von Lupen und Ferngläsern sowie von Filzstiften und Buntstiften beim Zeichnen auch ihre manuellen Fertigkeiten geschult.

Zur Erinnerung

Wir sehen die Dinge um uns herum dadurch, dass Licht von der Oberfläche des Gegenstands auf unsere Augen trifft. Das Licht durchdringt die Pupille (den kleinen schwarzen Kreis in der Mitte des Auges). Von der Linse wird es auf der Netzhaut des Auges, der schwarzen Fläche hinter dem Augapfel, gebündelt. Das Licht stimuliert die Nerven auf der Netzhaut und diese senden Botschaften über einen optischen Nerv in einen bestimmten Bereich des Hirns. Das Gehirn entschlüsselt diese Botschaften und sagt uns, was wir sehen.

Darauf ist zu achten

- Gehen Sie hierbei sensibel mit Kindern um, die eine Sehbehinderung haben.
- Warnen Sie die Kinder davor, draußen direkt in die Sonne zu blicken, insbesondere, wenn sie ein Fernglas oder Teleskop benutzen.

Schlüsselwörter

- sehen
- schauen
- Auge
- wahrnehmen
- drinnen
- draußen
- größer
- kleiner
- Brille
- Lupe
- Licht
- Fernglas

Lebendige Natur

Das brauchen Sie
- Lupen
- Standlupe, falls möglich
- Fernglas für Kinder
- eine Auswahl an Obst- und Gemüsesorten
- Samen und Fruchtstand – eingeweichte Erbsen oder Bohnen, Klematissamen
- Zeichenpapier, dünne Filzstifte und Buntstifte

Das tun Sie
- Untersuchen Sie gemeinsam das Obst und Gemüse und fordern Sie die Kinder dabei auf, genau hinzuschauen und alle Merkmale zu beschreiben, die sie sehen. Besprechen Sie, wie die einzelnen Sorten nach Ansicht der Kinder wohl innen aussehen. Notieren Sie ihre Gedanken und Kommentare.
- Schneiden Sie das Obst und Gemüse auf und helfen Sie den Kindern, sich das Innere genau anzusehen. Benutzen Sie dabei eine Hand- oder Standlupe.
- Regen Sie die Kinder an, das, was sie mit den Lupen sehen, mit dünnen Filzstiften oder Buntstiften zu zeichnen. Stellen Sie diese zusammen mit den Wörtern aus, die Kinder zur Beschreibung ihrer Beobachtungen verwendet haben.
- Wiederholen Sie diese Aktion mit den ausgewählten Samen und Blütenständen.
- Fordern Sie die Kinder nun auf, mit den Handlupen durch die Einrichtung zu gehen und Pflanzen und Kleingetier drinnen und draußen aufmerksam zu betrachten.
- Helfen Sie den Kindern beim Einsatz eines Fernglases. Zeigen Sie ihnen, wo und wie sie scharf stellen und den Augenabstand an der Knickbrücke einstellen können.

Weiterführende Ideen
▶ Richten Sie den Rollenspielbereich als Optikergeschäft ein.
▶ Spiel: Lassen Sie einige Kinder mit verbundenen Augen und nach den Anweisungen der anderen Kinder einen Weg durch die Einrichtung suchen.
▶ Erforschen Sie Licht, Dunkelheit und Schatten.
▶ Sehen Sie sich Bilder von Tieren an, die im Dunkeln oder unter der Erde leben – Maulwürfe, Kaninchen, Würmer usw.

Lieder, Kinderreime, Geschichten
Buch: „Steffen geht in die Sehschule" von Brigitte Wienert, Schnetztor Verlag
„Fühl mal, was du siehst" von Dagmar Binder und Maria Blazejovsky, Sauerländer Verlag
Spiel: „Blinde Kuh", „Mäuschen, sag mal piep"

Ich mag diesen Geruch

Thema: Sinne – Riechen

Unser Geruchssinn ist zumeist schwächer ausgebildet als unser Sehsinn. Es gibt Tiere, die sich bei der Nahrungssuche und der Witterung von Gefahr sehr stark auf ihren Geruchssinn verlassen. Gerüche können bei uns sehr schnell Erinnerungen an ganz bestimmte Ereignisse, Orte, Menschen und Erlebnisse wachrufen.

Zur Erinnerung

Gerüche bilden sich durch winzige Partikel oder Moleküle, die durch die Luft schweben. Beim Riechen lösen sich diese Moleküle in der feuchten Schleimschicht in der Nase auf und aktivieren die Geruchsrezeptoren. Diese Rezeptoren leiten die Botschaften dann über die Nerven an das Gehirn weiter.

Unser Geruchssinn ist sehr eng mit dem Geschmackssinn verbunden. Bei Schnupfen oder einer verstopften Nase können wir häufig nichts schmecken. Speisegerüche können den Speichelfluss auslösen, wenn einem in Erwartung eines guten Essens „das Wasser im Mund zusammenläuft".

Darauf ist zu achten

- Manche Kinder haben möglicherweise eine große Abneigung gegen bestimmte Gerüche. Bedenken Sie, dass diese Aktion für verschnupfte Kinder nicht leicht durchzuführen ist.
- Achten Sie darauf, ob es Kinder gibt, die allergisch auf Pollen oder bestimmte Blumendüfte reagieren. Erinnern Sie die Kinder daran, keine der Nahrungsmittel, die Sie durch Riechen erkunden, zu essen.

Schlüsselwörter

- Geruch
- Nase
- schnuppern
- Duft
- Essen
- stark
- Blume
- Parfüm
- Kochen
- mögen
- nicht mögen
- Blatt

Lebendige Natur

Das brauchen Sie
- verschiedene starke Düfte, die die Kinder erkennen können (Parfüm, starkes Putzmittel, Fruchtsaftkonzentrat, Tomatenketchup, Shampoo, Zwiebel usw.)
- kleine Filmdosen oder ähnliche undurchsichtige Behälter
- Watte

Das tun Sie
- Sprechen Sie mit den Kindern über ihre Lieblingsdüfte. Regen Sie sie an, verschiedene Gerüche zu nennen, die sie in ihrer Umgebung (zu Hause oder in der Einrichtung) wahrnehmen.
- Stellen Sie verschiedene Wörter zusammen, die diese Gerüche und Düfte beschreiben.
- Füllen Sie ein paar der Behälter mit stark duftenden oder riechenden Flüssigkeiten oder Gegenständen, beachten Sie, dass diese ungiftig sind. Bedecken Sie die Substanz mit Watte, sodass der Geruchssinn benutzt werden muss. Spielen Sie ein Ratespiel, bei dem die Kinder einen Gegenstand nur anhand des Geruchssinns erkennen sollen. Beginnen Sie mit einfacheren Beispielen, z. B. Banane, Zitrone, Zwiebel, Schokolade.
- Gehen Sie zu schwierigeren Dingen über, z. B. verschiedene Blumen, Kräuter oder Gewürze. Oder erraten Sie bei Düften, die auch im Haushalt verwendet werden, aus welchem Zimmer sie jeweils stammen.
- Sammeln und testen Sie weitere Dinge mit starkem Geruch – Duftkerzen, Potpourris, stark duftende Blumen (z. B. Nelken, Hyazinthen, Flieder), Raumsprays, leere Parfümflaschen. (Berücksichtigen Sie in der Gruppe eventuell vorhandene Allergien.)
- Gehen Sie auf „Riech-Safari" in Ihrer Einrichtung, im Park, auf der Straße. Bleiben Sie stehen und nehmen Sie die Gerüche auf – Imbiss, Döner, Asphalt, Blätter, Diesel, Reifen, Benzin. Helfen Sie den Kindern, sich auf die in den verschiedenen Gegenden und Bereichen drinnen und draußen jeweils vorherrschenden Gerüche zu konzentrieren.
- Nutzen Sie die Zwischenmahlzeit und Kochaktionen stets dazu, den Geruch von Früchten, Kochzutaten, vom Toasten und Backen usw. zu erkunden.

Weiterführende Ideen
▶ Machen Sie zu jedem Geruch zwei gleiche Gefäße für ein Zuordnungsspiel oder Memory.
▶ Pflanzen Sie in Ihrem Garten Kräuter und andere duftende Pflanzen an.
▶ Schaffen Sie Gelegenheiten, bei denen die Kinder anhand der Gerüche, die aus der Küche dringen, raten sollen, was es zum Mittagessen gibt.
▶ Schaffen Sie Gelegenheiten, bei denen die Kinder mit der Herstellung eines eigenen Parfüms experimentieren können, z. B. Rosenblätterparfüm.

Wer macht hier Lärm?

Thema: Sinne – Hören

Geräusche sind überall um uns herum, drinnen und draußen, nur hören wir sie oft nicht, wenn wir uns nicht darauf konzentrieren. Kinder anzuleiten, ihre Umwelt „einzuschalten", fördert die akustische Wahrnehmung, eine für das weitere Lernen grundlegende Fähigkeit.

Zur Erinnerung

Wir hören Dinge, wenn Schallwellen in der Luft auf unsere Ohren treffen. Die Schallwellen werden durch den äußeren Gehörgang bis zum Trommelfell weitergegeben, welches in Schwingungen versetzt wird. Die drei kleinen Gehörknöchelchen im Mittelohr verstärken diese Schallschwingungen und geben sie an die Flüssigkeit in der Innenohrschnecke weiter. Dadurch werden kleine Nervenenden in der Schnecke stimuliert, die die Reize an das Gehirn weiterleiten.

Darauf ist zu achten

- Berücksichtigen Sie, dass einige Kinder in Ihrer Einrichtung vielleicht eine dauerhafte oder vorübergehende Hörbehinderung haben.
- Viele Kinder, insbesondere Jungen, erleiden im Winter vorübergehende Hörverluste. Falls Sie dies bei einem Kind vermuten, wenden Sie sich an die Leitung Ihrer Einrichtung oder die Eltern des Kindes.

Schlüsselwörter

- Ohr
- hören
- Geräusch
- Lärm
- sprechen
- singen
- Musik
- aufnehmen
- laut
- leise
- tief
- hoch

Lebendige Natur

Das brauchen Sie
- Gelegenheit für eine Gruppe von Kindern, sich an einem ruhigen Ort in der Einrichtung (drinnen oder draußen) auf das Hören konzentrieren zu können
- einen Kassettenrekorder
- Zeitschriften und Kataloge zum Ausschneiden von Bildern
- verschiedene Musikinstrumente, selbst gemachte und gekaufte

Das tun Sie
- Fordern Sie die Kinder auf, still im Raum zu sitzen, die Augen zu schließen und aufmerksam auf die verschiedenen Geräusche zu achten, die sie hören.
- Sprechen Sie über die Geräusche und helfen Sie ihnen, sie zu identifizieren.
- Sprechen Sie über Geräusche, die sie mögen, und über Geräusche, die sie nicht mögen.
- Wiederholen Sie diese Aktion im Außenbereich oder Garten Ihrer Einrichtung. Gibt es Geräusche, die nur drinnen zu hören sind, oder solche, die sie nur draußen hören?
- Welche Geräusche werden von Lebewesen erzeugt und welche von Dingen?
- Zeigen Sie den Kindern nun, wie der Kassettenrekorder zu benutzen ist, um verschiedene Geräusche rund um die Einrichtung aufzunehmen.
- Helfen Sie den Kindern, ein Band mit Toneffekten zusammenzustellen. Dazu könnten Sie folgende Geräusche aufnehmen: spielende Kinder; ein klingelndes Telefon; Fernsehen oder Radio; Wasser, das durch ein Rohr läuft; Vogelstimmen; Türklingel.
- Suchen Sie in Zeitschriften oder Katalogen nach Bildern, die zu den aufgezeichneten Geräuschen passen. Spielen Sie „Geräuscheraten" mit den Kindern.

Weiterführende Ideen
- Spielen Sie einer Gruppe von Kindern Musik vor und bitten Sie sie, Bilder zu malen, die das Gehörte darstellen. Stellen Sie für diese Aktion verschiedene Stiftarten zur Verfügung. Versuchen Sie, Stimmungen und Musikstile zu vergleichen.
- Setzen Sie den Innen- und Außenraum in „Klangbilder" um.
- Verwenden Sie die Aufnahmen für eine Ausstellung mit Fotos und Kinderzeichnungen.

Lieder, Kinderreime, Geschichten
Buch: „Nicht hören können", Saatkorn Verlag
CD: „Was hört der Bär", Video von Michèle Lemieux
Lied: „Hörst du den Wind", „Hört, hört"
Spiel: „Mäuschen, sag mal piep"

Kann ich bitte zur Toilette gehen?

Thema: Ausscheidung

Die Ausscheidung (oder Exkretion) ist die grundlegende Endphase des Gesamtprozesses von Verdauung und Atmung. Bei dieser Aktion können die Kinder eine erste Verbindung zwischen der Nahrung, die sie aufnehmen, und den Abfallprodukten, die sie auf der Toilette in Form von Urin und Kot ausscheiden, erkennen. Sie bietet außerdem einen guten Anlass, die Wichtigkeit und Normalität dieser Lebensprozesse zu betonen und auf die Bedeutung der persönlichen Hygiene hinzuweisen.

Zur Erinnerung

Der Prozess der Ausscheidung läuft bei allen Lebewesen ab, sowohl bei Pflanzen als auch bei Tieren. Wenn Tiere essen, bauen sie ihre Nahrung ab, um Energie freizusetzen. Jedoch bleiben dabei die nicht verwertbaren oder nicht verdaulichen Bestandteile der Nahrung zurück, die der Körper wieder loswerden muss, um gesund zu bleiben. Dies geschieht am Ende des Verdauungsvorgangs, wenn sich die Abfallprodukte am Ende des Dickdarms gesammelt haben und als Kot ausgeschieden werden. In den Körperzellen produzierte Schlacken- und Schadstoffe werden in die chemische Verbindung des Harnstoffes umgewandelt und verlassen im Harn den Körper.

Darauf ist zu achten

- Das gründliche Händewaschen nach jedem Gang zur Toilette ist wichtig für die Gesunderhaltung und Nichtübertragung von Krankheiten.
- Zeigen Sie den Kindern, wie man sich richtig die Hände wäscht, und bauen Sie das regelmäßige Händewaschen in die tägliche Routine ein.

Schlüsselwörter
- Nahrung
- essen
- Abfall
- Toilette
- Hände
- waschen
- Seife
- Wasser
- gesund
- sauber
- Haustier

Lebendige Natur

Das brauchen Sie
- bebilderte Bücher über die Haltung verschiedener Haustiere
- Bilder und Poster zur Bedeutung des Händewaschens
- Tiere, die für eine kurze Zeit von den Kindern in der Einrichtung gehalten werden, z. B. Heuschrecken, Würmer, Schnecken oder Fische

Das tun Sie
- Sehen Sie sich die bebilderten Bücher gemeinsam an und sprechen Sie mit den Kindern über verschiedene Haustiere, die es bei ihnen zu Hause vielleicht gibt.
- Wenn es in Ihrer Einrichtung Tiere gibt, z. B. Fische, Schnecken oder Gespenstheuschrecken, thematisieren Sie diese im weiteren Gespräch.
- Sprechen Sie über die Verantwortung, die man mit der Haltung von Haustieren übernimmt, und führen Sie ein Tagebuch unter dem Motto „Ein Tag im Leben von …".
- Finden Sie anhand von Büchern und Broschüren heraus, welche Nahrung welche Haustiere gerne mögen und wie wichtig sauberes Trinkwasser und die regelmäßige Säuberung der Ställe oder Lebensräume für die Tiere sind.
- Beginnen Sie nun, mit den Kindern über die Nahrung und das Wasser zu sprechen, die von den Tieren nicht mehr benötigt werden, und darüber, wie wichtig es ist, dass sie die nicht verwertete Nahrung und das Wasser wieder entsorgen.
- Sprechen Sie darüber, dass Hunde mehrmals täglich ausgeführt werden müssen, dass man Katzen ein Katzenklo bereitstellt oder sie durch ein Katzenloch ins Freie gehen können, dass man Hamster-, Wüstenrennmaus- oder Kaninchenställe ausmisten muss.
- Stellen Sie die Bedeutung des Ausscheidungsprozesses als natürlichen Vorgang für Gesundheit und Fitness heraus und sprechen Sie ganz allgemein über menschliche Toilettengewohnheiten.
- Sehen Sie sich die Toiletten in Ihrer Einrichtung an und thematisieren Sie, wie wichtig es ist, diese sauber zu halten, damit sich keine Keime bilden. Achten Sie darauf, dies ganz neutral darzustellen, sodass die Kinder keine Angst vor Bakterien bekommen!
- Helfen Sie den Kindern, Regeln fürs Händewaschen in Ihrer Einrichtung aufzustellen.

Weiterführende Ideen
- Arrangieren Sie den Besuch eines Hunde- oder Katzenzüchters, eines Tierarztes oder Inhabers einer Tierhandlung oder eines Vertreters des Tierschutzbundes.
- Gestalten Sie den Rollenspielbereich zur Tierarztpraxis oder zum Tierheim um.
- Nachfolgeaktionen für Ihr Gespräch über tägliche Routinen: Betrachtung der Zwischenmahlzeit, das Waschen nach Spielen im Freien, Aktionen zu „Wir kochen gesundes Essen" usw.

Die Haltung von Lebewesen

Dieser Teil des Aktivitätenheftes für die frühkindliche Bildung *Lebendige Natur* gibt Hinweise zur Pflege verschiedener Tiere, die Sie in Ihrer Einrichtung vielleicht für kurze Zeit halten wollen. Die Kinder erhalten so Gelegenheit, die Tiere genauer zu beobachten und weitere Erkenntnisse über ihre Ernährung, Fortbewegung und ihr Wachstum zu gewinnen.

Die hier besprochenen Tiere sind:
- Regenwürmer
- Spinnen
- Schnecken
- Raupen
- Gespenstheuschrecken
- Froschlaich und Kaulquappen

Regenwürmer, Spinnen und Schnecken sind alle in der Umgebung Ihrer Einrichtung zu finden. Unter den richtigen Bedingungen können sie für kurze Zeit gehalten und dann wieder freigelassen werden, idealerweise an derselben Stelle, wo sie gefunden wurden.

Raupen können über einen längeren Zeitraum gehalten werden, damit man die Wandlungen, die sie bei der Entwicklung zum Schmetterling oder zur Motte vollziehen, beobachten kann.

Heuschrecken sind bei uns einheimische Insekten, die in Gärten, Bäumen oder auf Wiesen zu beobachten und vor allen Dingen zu hören sind. Aufgrund Ihrer Größe und Tarnfähigkeit, ist es für Kinder sehr interessant, Heuschrecken zu halten.

Frösche und Kröten stehen unter Artenschutz. Wenn Sie Froschlaich halten möchten, damit Kinder die Veränderungen beobachten können, die sich im Lebenszyklus eines Frosches vollziehen, befolgen Sie bitte die Hinweise zur artgerechten Haltung. Vielleicht holen Sie beim örtlichen Bund für Naturschutz weitere Informationen ein.

Die einzelnen Beispiele auf den folgenden Seiten enthalten:
- Hintergrundinformationen für die pädagogischen Fachkräfte
- Anleitungen zur geeigneten Gestaltung der Umgebung
- Wege, die Kinder aktiv mit einzubeziehen
- Vorschläge für Aktionen und Projekte zu den Tieren, die bei Ihnen gehalten werden

Lebendige Natur

Regenwürmer

Regenwürmer finden

Regenwürmer sind leicht zu finden, leicht einzufangen und faszinierend zu beobachten, wenn sie sich durch die Erde bewegen und Tunnel und Höhlen graben.

Das brauchen Sie

Regenwürmer lassen sich am besten in einem schmalen durchsichtigen Behälter beobachten, in dem sie ihre Höhlen nahe an der Oberfläche graben müssen. Dazu eigenen sich gekaufte Wurmkästen oder aus Plexiglas und Holz selbst hergestellte. Als Alternative können Sie Ihren Wurmkasten auch in einem großen durchsichtigen Glas oder Becken einrichten, z. B. in einem Fischbecken aus Plastik oder in einem großen Bonbonglas aus Plastik. Achten Sie darauf, dass die Abdeckung aus schwarzem Papier fest sitzt, sodass kein Licht durchscheint. So graben einige der Regenwürmer ihre Tunnel vielleicht nahe am Rand des Behälters, wo die Kinder ihnen leicht zusehen können.

Wenn es in Ihrem Wurmkasten viele verschiedene Schichten mit leicht variierender Farbe und Beschaffenheit gibt, können die Kinder beobachten, wie sich die Regenwürmer durch die verschiedenen Erdschichten graben und fressen.

Ein Heim für Regenwürmer bauen

Die Kinder können an allen Schritten dieses Vorgangs beteiligt werden. Sie sollten daran erinnert werden, nicht die Finger in den Mund zu nehmen und sich nach getaner Arbeit gründlich die Hände zu waschen.

1. Bedecken Sie den Boden des Behälters mit einer Schicht Kieselsteine, sodass Wasser ablaufen kann und das Ganze nicht zu feucht wird.
2. Legen Sie darüber eine Schicht Gartenerde.
3. Füllen Sie die Erde mit den Regenwürmern ein, die die Kinder im Garten ausgegraben haben. Für einen Wurmkasten benötigen Sie vier oder fünf Regenwürmer.
4. Legen Sie eine Schicht Sandboden darauf.
5. Bedecken Sie diese mit einer weiteren Schicht Gartenerde.
6. Streuen Sie darüber etwas Laub oder kleine Stücke von Salat- oder Kohlblättern.
7. Um den natürlichen Lebensraum der Würmer nachzustellen, müssten sie im Dunkeln gehalten werden. Dazu wird schwarzes Papier außen um den Behälter gelegt.
8. Decken Sie den Behälter oben mit schwarzem Papier ab. In das Papier sollten einige Löcher gemacht werden, sodass die Luftzufuhr gewährleistet ist.
9. Halten Sie die Erde im Wurmkasten feucht, aber nicht zu nass. Eine geeignete Methode ist, die Erde mit Wasser aus einer Pflanzensprühflasche einzusprühen.

Regenwürmer beobachten

- Sorgen Sie dafür, dass die Erde in Ihrem Wurmkasten feucht gehalten wird, und entfernen Sie das schwarze Papier, wenn Sie beobachten möchten, was die Würmer gemacht haben.
- Sehen Sie in Abständen nach, was die Würmer gemacht haben:
    - Ist etwas an der Oberfläche zu beobachten?
    - Was ist mit den Blättern geschehen?
    - Kann man an den Seiten des Behälters etwas beobachten?
- Sprechen Sie mit den Kindern darüber, wie nützlich Regenwürmer für die Entsorgung von Laubabfall und verwelkten Pflanzen sowie für die Lockerung des Bodens sind, der dadurch Luft aufnimmt.
- Ältere Kinder können einige ihrer Beobachtungen vielleicht mit Fotos, Zeichnungen oder gemalten Bildern dokumentieren. Stellen Sie eine Kamera und Klemmbretter oder Magnettafeln sowie für längere Beobachtungen Hocker oder Stühle zur Verfügung.
- Sie könnten einen Wurmkomposter für Ihre Gartenabfälle aufstellen oder einige Würmer auf einen bereits bestehenden Komposthaufen setzen.
- Helfen Sie den Kindern nach einigen Wochen bei der Aussetzung der Würmer in den Garten, und zwar in demselben Bereich, in dem sie eingefangen wurden. Wenn Sie sie auf feuchter Erde freilassen, werden Sie sich dort schnell eingraben.

Spinnen

Manche Kinder haben vielleicht Angst vor Spinnen. Spinnen zu halten, könnte ein Weg sein, ihnen diese Angst zu nehmen. Wichtig ist hierbei, dass die Erwachsenen im Umgang mit den Krabbeltieren als Vorbild dienen. Wenn Sie keine Spinnen mögen, achten Sie darauf, dass Sie die ablehnende Haltung nicht an die Kinder weitergeben, indem Sie negativ auf die Spinnen reagieren.

Spinnen finden

Spinnen können nur für kurze Zeit in Gefangenschaft gehalten werden. Sie sind Fleischfresser und müssen Insekten fangen, um zu überleben. Die beste Zeit, Spinnen im Garten zu finden, ist ein taufeuchter oder kalter sonniger Morgen im Herbst, wenn ihre Netze leicht zu sehen sind.

Spinnen lassen sich meist vom Netz fallen, wenn sie gestört werden. Halten Sie daher ein kleines Glas unter das Netz, klopfen Sie leicht gegen das Netz, und die Spinne fällt ins Glas. Decken Sie das Glas zu und setzen Sie die Spinne gleich in das vorbereitete Spinnenbecken. Wenn Sie die Spinne drei oder vier Tage lang beobachtet haben, sollte sie dort wieder freigelassen werden, wo sie eingefangen wurde.

Ein Heim für Spinnen bauen

Ein großes Fischbecken aus Plastik ist für die Haltung von Spinnen am besten geeignet.
1. Sorgen Sie dafür, dass die Spinne genug Platz hat, ein Netz zu spinnen,
2. Füllen Sie eine Schicht feuchte Erde oder Komposterde oder etwas nasse Watte in den Behälter, sodass die Luft zum Spinnen des Netzes feucht genug bleibt.
3. Decken Sie dies mit einer Schicht Blumenerde zu.
4. Legen Sie einen oder zwei verzweigte Stöcke hinein, sodass die Spinne klettern kann.
5. Prüfen Sie, ob der Deckel des Behälters fest sitzt – Spinnen können leicht entkommen! Machen Sie für die Luftzufuhr **kleine** Löcher in den Deckel.
6. Setzten sie **eine** Spinne in das Becken. Spinnen mögen keine Konkurrenz.
7. Platzieren Sie den Behälter an einem Ort ohne direktes Sonnenlicht, wo die Kinder ihn leicht beobachten können.
8. Setzen Sie die Spinne nach ein paar Tagen wieder in ihrem natürlichen Lebensraum aus. Wenn das Interesse der Kinder sehr groß ist, können Sie sich jederzeit wieder eine neue Spinne ausleihen.

Lesen Sie unbedingt „Die kleine Spinne spinnt und schweigt" von Eric Carle.

Spinnen beobachten

- Was die Kinder zuallererst beobachten können, ist die Art der Fortbewegung der Spinne. Fordern Sie sie auf, aufmerksam zu beobachten, wie viele Beine die Spinne hat, welche Form ihr Körper hat, in welche Richtung und wie schnell sie sich bewegt.
- Wenn Sie Glück haben, beginnt Ihre Spinne ein Netz zu spinnen, und die Kinder können sie dabei beobachten. Machen Sie sie darauf aufmerksam, wie die Spinne ihr Netz an den Stöcken und Zweigen befestigt. Sehen Sie sich gemeinsam an, wie die Spinnenfüße sich am Netz und den anderen Flächen im Becken festhalten.
- Sprechen Sie über die Form und den Zweck des Netzes.
- Vielleicht möchten einige Kinder ein Netz malen. Besonders schöne Effekte lassen sich mit silber- oder goldfarbenem Filzstift auf schwarzem Papier oder Pappe erzielen. Oder Sie zeichnen die Linien mit Klebstoff nach und streuen Glitzerstaub darauf. Die Kinder können auch Plastiknetze benutzen, um Netze aus natürlichen Materialien zu weben, z. B. aus Stroh, Zweigen oder Raffiabast, und daran Wolle, Bänder, Papierstreifen, Perlen, Federn und Pailletten befestigen.
- Gehen Sie rund um Ihre Einrichtung auf Spinnenjagd – nach Morgentau, -nebel oder -frost. Sehen Sie in Hecken und Büschen, unter Fensterbänken oder in Löchern in Mauern und Zäunen nach.
- Vielleicht finden Sie einige Babyspinnen, die Sie beobachten können. Die Kinder werden von den weiten Strecken, die eine kleine Spinne zurücklegen kann, um ein neues Heim zu finden, fasziniert sein. Wenn eine Jungspinne das Netz der Eltern verlässt, klettert sie auf einen Strauch oder Grashalm und spinnt einen langen Seidenfaden, der vom leisesten Windhauch mitgenommen wird. Die Brise hebt die kleine Webspinne hoch und trägt sie auf ihren Spinnfäden. So sind Baldachinspinnen schon Hunderte Kilometer vom Festland entfernt auf Schiffen und auf Flugzeugen hoch oben in der Luft gelandet. Erfinden Sie mit den Kindern zusammen Geschichten über die Reisen und Abenteuer junger Spinnen.

Lebendige Natur

Schnecken

Schnecken finden

Schnecken sind sehr leicht zu fangen und für die Kinder leicht zu beobachten, da sie sich langsam bewegen. Es gibt Schnecken mit sehr interessanten und schönen Schneckenhäusern, die unterschiedlich gewunden sind – im Uhrzeigersinn oder gegen den Uhrzeigersinn – und teilweise Streifen haben. Am ehesten findet man Schnecken in Holzstößen, unter Steinen und in Blätterhaufen.

Vielleicht finden Sie auch Schnecken an Ihrem Gemüse im Garten. Schnecken können klettern und sind auch an Mauern und Zäunen zu finden, vor allem wenn Pflanzen daran hochwachsen. Die beste Zeit für die Schneckensuche ist bei feuchtem Wetter oder früh am Morgen, wenn es geregnet oder getaut hat.

Ein Heim für Schnecken bauen

1. Verwenden Sie ein großes Fischbecken aus Plastik oder ein hohes Bonbonglas aus Plastik.
2. Prüfen Sie, ob der Deckel mit kleinen Luftlöchern fest sitzt. Schnecken bewegen sich zwar langsam, geben jedoch nicht leicht auf. Und sie sind sehr gut darin, durch kleine Öffnungen zu schlüpfen.
3. Bedecken Sie den Boden des Gefäßes mit feuchter Gartenerde oder anderer Erde.
4. Legen Sie ein paar Steine oder Holzstücke in das Becken, unter denen sich die Schnecken verstecken können.
5. Stellen Sie eine Schale mit Wasser oder einen nassen Schwamm oder nasse Watte hinein. Es ist wichtig, dass die Luft im Schneckenbecken feucht bleibt.
6. Geben Sie den Schnecken ein paar Salatblätter, Gemüsestücke oder Haferflocken zu fressen. Tauschen Sie diese regelmäßig aus, um das Becken sauber zu halten.
7. Stellen Sie das Gefäß an einen Ort, wo es sich gut beobachten lässt, jedoch nicht direkt in die Sonne. Schnecken mögen Schatten.

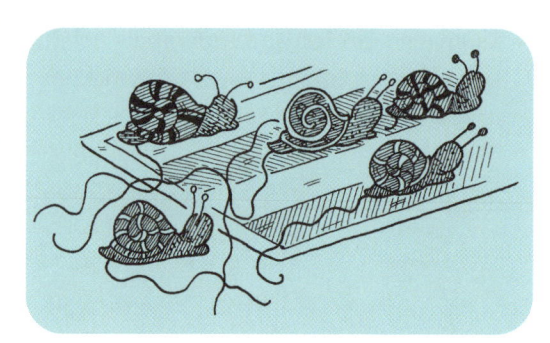

Schnecken beobachten

Achten Sie darauf, dass sich die Kinder nach dem Umgang mit den Tieren stets die Hände waschen.

- Geben Sie den Kindern Handlupen zum Beobachten der Schnecken. Richten Sie ihre Aufmerksamkeit auf Form, Muster und Farbe der Schneckenhäuser, auf die Augen an den Tentakeln und auf den Kopf und „Fuß" der Schnecke.
- Bewegen Sie Ihren Finger vor der Schnecke leicht hin und her und beobachten Sie, wie die Schnecke reagiert. Achten Sie auf Augen und Kopf!
- Sehen Sie zu, wie sie an der Seite des Beckens hochklettern, wo man ihre Fortbewegung und die raue Zunge gut beobachten kann. Bei ihrer wellenförmigen Fortbewegung lassen sich die Muskelbewegungen im Fuß und die Schleimspur, die sie produzieren, um vorwärtszukommen, erkennen.
- Geben Sie den Schnecken ein paar Kohlblätter und hören Sie genau hin. Was kann man hören?
- Organisieren Sie olympische Schnecken-Spiele. Setzen Sie die Schnecken vorsichtig an den Rand einer schwarzen Pappe und sehen Sie, welche Schnecke gewinnt und am schnellsten das andere Ende erreicht. Ist es immer die größte Schnecke, die das Rennen gewinnt? Stellen Sie einen schmackhaften Siegespreis für die Gewinnerin bereit. Sehen Sie sich die Spuren an, die die Schnecken hinterlassen.
- Nehmen Sie dies zum Anlass, die Kinder den Namen ihrer Schnecke und ihren Rang im Rennen dokumentieren zu lassen.
- Es ist sehr wichtig, das Schneckenbecken sauber zu halten. Schnecken sind gefräßig und produzieren viel Abfall. Nehmen Sie dies zum Anlass, mit den Kindern über den Prozess der Ausscheidung zu sprechen.
- Schnecken aus Ton zu modellieren, bietet Gelegenheit, die Fertigkeiten im Rollen, Glätten und Aufrollen des Tons zu üben.
- Sprechen Sie darüber, welche Tiere Schalen haben und wozu sie dienen.
- Wenn Sie ein Häufchen zerbrochener Schneckenschalen neben einem großen Stein im Garten Ihrer Einrichtung finden, ist dies ein Hinweis auf den Besuch einer Drossel.

Raupen

Raupen finden

Ab Ende Mai könnten Raupen auf den Blättern von Pflanzen rund um Ihre Einrichtung zu finden sein. Für die Suche eignen sich besonders Brennesseln und Brombeersträucher im wild wachsenden Gartenbereich. Der deutlichste Hinweis auf die Anwesenheit von Raupen sind Löcher in den Blättern. Die Raupen sollten von einem Erwachsenen vorsichtig eingesammelt werden, idealerweise mit weichen Handschuhen, um die Hände (und die Raupen!) zu schützen. Mit einem Farbpinsel lassen sich die Raupen gut einsammeln, ohne sie zu verletzen.

Notieren Sie sich genau, an welcher Pflanze Sie die Raupen gefunden haben. Diese Pflanze ist wichtig für die Ernährung der Raupe und Raupen sterben, wenn sie nicht die richtigen Blätter zu fressen bekommen.

Vielleicht finden Sie auch ein paar Schmetterlings- oder Motteneier, aus denen dann die Raupen schlüpfen. Suchen Sie an der Unterseite von Brombeer- oder Brennnesselblättern danach.

Ein Heim für Raupen bauen

Am allerwichtigsten sind die folgenden Dinge:
- eine regelmäßige Versorgung mit der richtigen Pflanzennahrung
- ausreichend Platz für die Raupen, sich zu bewegen
- einen sicheren Ort, an dem sie sich verpuppen können

1. Ein großes Fischbecken aus Plastik mit einem Deckel, der mit Luftlöchern versehen ist, wäre eine ideale Umgebung für die Haltung einiger weniger Schnecken und die Beobachtung ihres Lebenszyklus'.
2. Prüfen Sie, ob der Deckel fest sitzt.
3. Stellen Sie die Zweige mit den Blättern der Futterpflanze in einem oder mehreren Bechern Wasser in das Becken.
4. Halten Sie die Umgebung mithilfe einer Sprühflasche feucht.
5. Geben Sie den Raupen **jeden Tag frische Blätter** zu fressen und halten Sie das Becken sauber, indem Sie alle verwelkten Blätter entfernen.

Der Lebenszyklus eines Schmetterlings

- Nach der Paarung mit einem Schmetterlingsmännchen legt das erwachsene Weibchen seine Eier an der Unterseite einer Pflanze ab, die eine gute Nahrungsquelle für ihren Nachwuchs bietet.
- Dann fliegt das Weibchen davon und überlässt die Eier ihrem Schicksal.
- Aus den Eiern schlüpfen kleine Raupen, die sofort von den Blättern und Pflanzen in der Nähe zu fressen beginnen.
- Beim Fressen wachsen die Raupen, oft sogar sehr schnell.
- Wenn sie ausgewachsen sind, häuten sie sich und beginnen sich zu verpuppen.
- In Freiheit überwintern Schmetterlinge in diesem Stadium möglicherweise, um erneut zu schlüpfen, wenn das Wetter im folgenden Sommer wieder wärmer wird.
- In der Puppenhülle ruht die Puppe eine Zeit lang, dann beginnt die Hülle der Puppe aufzuplatzen und es schlüpft ein wunderschöner Schmetterling.
- Sobald sich die Flügel ausgefaltet und geglättet haben, fliegt der Schmetterling davon, frisst und macht sich auf die Partnersuche.

Raupen beobachten

- Fordern Sie die Kinder auf, täglich nach den Raupen zu sehen und zu beobachten, wie sich ihre Größe verändert.
- Helfen Sie den Kindern bei der Erstellung eines Fütterungsplans. Wer ist heute an der Reihe, beim Sammeln frischer Blätter zu helfen?
- Geben Sie den Kindern Handlupen, mit denen sie Farbe, Form, Fressen und Bewegung der Raupen genau beobachten können.
- Bieten Sie den Kindern feine Stifte an, mit denen sie das, was sie sehen, malen können.
- Fordern Sie die Kinder auf, darauf zu achten, ob die Raupen sich zu verpuppen beginnen. Wohin gehen sie, wenn sie zur Puppe werden?
- Achten Sie auf Anzeichen dafür, dass die Schmetterlinge schlüpfen. Sorgen Sie dafür, dass sie sicher davonfliegen können, idealerweise an einem ruhigen, warmen Sonnentag.
- Helfen Sie den Kindern, den Lebenszyklus eines Schmetterlings durch verschiedene Bewegungsarten wie Kriechen, Kauen, Ruhen, Schlüpfen und Fliegen darzustellen.
- Lesen Sie den Kindern „Die kleine Raupe Nimmersatt" vor. Regen Sie sie an, die Geschichte mit Bewegungen, Bildern oder Worten nachzuerzählen.

Heuschrecken

Heuschrecken

Einige Heuschrecken wie der Gemeine Grashüpfer oder das Grüne Heupferd sind bei uns einheimische Insekten und finden sich bisweilen in Gärten, Bäumen oder auf Wiesen. Es ist für kleinere Kinder sehr interessant, Heuschrecken zu halten, da sie groß sind, sich relativ langsam bewegen und sich auf faszinierende Art tarnen, sodass sie in ihrem Becken nur schwer zu finden sind.

Das brauchen Sie

- ein großes Fischbecken aus Plastik mit festem Deckel, der kleine Löcher für die Luftzufuhr hat (anstatt eines Deckels kann auch Musselin über das Becken gespannt und befestigt werden)
- Bezugsquelle für Heuschrecken oder deren Eier
- einen Futtervorrat für die Heuschrecken (z. B. arttypische Pflanzenarten, Raupen, Blattläuse oder Mehlwürmer)
- eine Sprühflasche

Ein Heim für Heuschrecken bauen

1. Füllen Sie etwas Laubabfall (oder Kompost) unten in das Gefäß.
2. Stellen Sie einen oder mehrere Becher mit Wasser für die Ligusterzweige in das Becken.
3. Halten Sie die das Becken innen mithilfe einer Sprühflasche feucht.
4. Versorgen Sie die Heuschrecken regelmäßig mit frischen Blättern und halten Sie das Becken sauber, indem sie alle verwelkten Blätter entfernen.
5. Achten Sie sorgfältig darauf, dass Sie die Heuschrecken nicht mit entsorgen, wenn Sie das Becken säubern.
6. Die Eier von Heuschrecken sind klein, rund und braun und manchmal nur schwer vom Kot zu unterscheiden!
7. Stellen Sie das Becken nicht direkt in die Sonne. Stellen Sie es an einen Ort, wo die Kinder es gut beobachten können.

Heuschrecken beobachten

Achten Sie darauf, dass sich die Kinder nach dem Umgang mit den Tieren stets die Hände waschen.

- Es wird die Kinder fesseln zu beobachten, wie die Heuschrecken sich tarnen und vor dem Hintergrund verschwinden. Sie müssen sehr genau hinschauen, um die Insekten im Becken zu finden.
- Sprechen Sie mit den Kindern über Tarnung und die Gründe dafür, warum sie für viele Tiere in freier Wildbahn wichtig ist. Suchen Sie Bilder zusammen, die Tiere und ihre Tarnung zeigen.
- Heuschrecken bewegen sich sehr langsam und mechanisch. Durch die Art ihrer Fortbewegung können sie sich leichter vor Räubern verstecken. Die Kinder brauchen Geduld und Ruhe, um die Bewegung der Heuschrecken zu beobachten.
- Fordern Sie die Kinder auf, die Formen und Farben des Körpers, der Beine und der prächtig gefärbten Flügel der Heuschrecke aufmerksam zu betrachten. Die funkelnden Flügel klappt sie bei jeder drohenden Gefahr auf.
- Stellen Sie die von den Kindern zur Beschreibung der Bewegung, des Aussehens und Beschaffenheit von Heuschrecken genannten Wörter aus. Stellen Sie dazu die nach genauer Beobachtung erstellten Zeichnungen sowie Fotos und Bücher aus.
- Bieten Sie den Kindern verschiedene Arbeitsmittel an, um ihre eigenen Heuschrecken und deren Lebensraum zu basteln. Dazu können Zweige, Stöcke und Blätter oder Bausets wie Kid-K'nex – ein Konstruktionsspiel aus Plastikstrohhalmen, Verbindungsstücken und Pfeifenreinigern – verwendet werden.

Froschlaich und Kaulquappen

Froschlaich und Kauquappen finden
Frösche und Kröten stehen unter Artenschutz.
Wichtig ist, dass Sie mit der Erlaubnis des Teichbesitzers nur ein kleine Menge Froschlaich einsammeln und den Laich oder die Kaulquappen wieder an diesen Ort zurückbringen. Am besten wäre, Sie sammeln den Froschlaich in Ihrem eigenen Teich.

Ein Heim für Froschlaich und Kaulquappen bauen
Die Schritte 1–5 müssen vor dem Sammeln des Froschlaichs erfolgen!
1. Verwenden Sie ein Plastikbecken mit Deckel.
2. Füllen Sie es halb mit Wasser und lassen Sie es einen Tag stehen, bevor Sie den eingesammelten Froschlaich hineinlegen. So haben die chemischen Substanzen im Leitungswasser ausreichend Zeit zu verdampfen.
3. Legen Sie ein paar große Steine in das Becken, die über die Wasseroberfläche hinausragen. Kleine Frösche ertrinken, wenn sie sich nicht außerhalb des Wassers ausruhen können.
4. Ideal wäre es, einen einfachen Aquariumfilter einzubauen, der das Wasser mit Sauerstoff versorgt und frisch hält. Lassen Sie sich in einem Zoofachgeschäft oder im Gartencenter beraten, welcher am besten geeignet ist.
5. Legen Sie etwas Teichgras ins Becken, z. B. aus dem Teich, aus dem Ihr Froschlaich stammt.
6. Geben Sie ein wenig Froschlaich in das Becken.
7. Wenn die Kaulquappen geschlüpft sind, ernähren sie sich vegetarisch. Geben Sie ihnen daher in kleinen Mengen Kaninchenkraftfutter zu fressen.
8. Wenn sich die Hinterbeine der Kaulquappen ausgebildet haben, werden sie zu Fleischfressern. Dann können sie mit Fischfutter und hart gekochten Eiern gefüttert werden.
9. Tauschen Sie das Wasser regelmäßig aus, um die Kaulquappen gesund zu halten.
10. Platzieren Sie das Becken gut sichtbar an einen Ort ohne direktes Sonnenlicht.
11. Lassen Sie die ausgewachsenen Kaulquappen oder jungen Frösche in derselben Umgebung, aus der sie stammten, wieder frei.

Der Lebenszyklus des Froschs

Wenn Sie ein Kaulquappenbecken bauen und zusehen, wie sich der Froschlaich über die Wochen verändert, lässt sich der gesamte Lebenszyklus eines Frosches beobachten.
So entwickeln sich junge Frösche in Freiheit:
- Der Embryo (im Laich) ist nach 2–3 Wochen nach der Begattung bereit zu schlüpfen.
- 1 Tag nach dem Schlüpfen nimmt die Kaulquappe über die Haut Sauerstoff auf, hängt sich an Gräser und ernährt sich vom Rest des Dotters.
- 2–3 Tage nach dem Schlüpfen öffnet die Kaulquappe den Mund und beginnt, die äußeren Kiemen zum Atmen zu benutzen. Sie beginnt zu schwimmen und ernährt sich an der Oberfläche des Teichgrases.
- 3 Wochen nach dem Schlüpfen sind die äußeren Kiemen verschwunden.
- 8–10 Wochen nach dem Schlüpfen haben sich die Hinterbeine der Kaulquappe bereits gut ausgebildet, die Vorderbeine beginnen sich zu entwickeln. Die Kaulquappe kommt zum Atmen an die Oberfläche und wird zum Fleischfresser.
- 12 Wochen nach dem Schlüpfen werden die Vorderbeine der Kaulquappe sichtbar, der Schwanz wird kürzer und Augen und Mund sind schon viel größer.
- 16 Wochen nach dem Schlüpfen ist der junge Frosch bereit, das Wasser zu verlassen.

Froschlaich und Kaulquappen beobachten

- Fordern Sie die Kinder auf, die Kaulquappen täglich genau zu beobachten.
- Führen Sie ein Bildtagebuch über die Entwicklung der Kaulquappen. Verwenden Sie dazu die von den Kindern nach genauer Beobachtung angefertigten Zeichnungen.
- Jedes Kind könnte ein Ziehharmonikabuch erstellen, mit dem Lebenszyklus eines Froschs.
- Nutzen Sie die bei der Haltung von Froschlaich gesammelten Erfahrungen zur Thematisierung der sieben Lebensprozesse.
- Setzen Sie Puzzles und Modelle zum Lebenszyklus ein, um zu Gesprächen über die verschiedenen Entwicklungsstadien im Lebenszyklus eines Froschs anzuregen.
- Erweitern Sie das Interesse der Kinder durch die Vorstellung weiterer Lebenszyklen, z. B. dem des Schmetterlings oder einer Pflanze.
- Die Beobachtung von Kaulquappen bietet einen Ausgangspunkt für Bewegungsaktionen, z. B. hüpfen, sich schlängeln und krabbeln. Spielen Sie das Spiel „Fangspiel Frösche – Störche" mit den entsprechenden Bewegungen.
Die Gruppe wird in Frösche und Störche geteilt. Die Frösche sitzen im „Teich" auf einer blauen Decke. Die Störche stehen um den Teich herum. Die Frösche müssen in einen anderen Teich (blaue Decke an der gegenüberliegenden Seite) hüpfen. Die Störche versuchen, sie abzuschlagen. Sie dürfen sich aber nur „stolzierend" bewegen. Jeder Frosch, der erwischt worden ist, spielt als Storch weiter mit.

Lebendige Natur

Rund um Ihre Einrichtung

In diesem Teil stellen wir Ihnen einige Ideen vor, wie Sie das Außengelände Ihrer Einrichtung für Tiere aller Art attraktiver gestalten können. Einige Vorschläge sind sehr simpel und unkompliziert durchzuführen und erzielen schon nach wenigen Wochen ein Ergebnis. Andere bedürfen einer genaueren Planung und wären längerfristige Projekte für Sie und die Kinder, die über eine oder mehrere Vegetationszeiten andauern.

Sehen Sie sich Ihr gesamtes Außengelände sorgfältig an, bevor Sie beginnen, und bewerten Sie, wie es aktuell genutzt wird.
- Gibt es Bereiche, die momentan zu wenig genutzt sind und neu gestaltet werden können?
- Gibt es offene und kahle Flächen, die aufzulockern oder komplett umzugestalten wären?

Jede Einrichtung ist anders und es ist in Absprache mit den Kollegen und Kolleginnen und den Kindern Ihre Entscheidung, welche Bereiche verändert und welche unverändert bleiben sollen. Wenn Sie bei diesem wichtigen ersten Schritt gerne Unterstützung hätten, wenden Sie sich bitte an eine der im Anhang aufgeführten Organisationen, die Ihnen gerne weiterhelfen werden.

Wenn die Kinder an der Planung für die Neugestaltung des Außengeländes, das dadurch „lebewesenfreundlicher" werden soll, beteiligt werden, sind sie schnell vollständig in das Projekt involviert und liefern die Ausgangspunkte für viele der in anderen Abschnitten dieses Buchs beschriebenen Aktivitäten. Mit Fortschreiten des Projekts werden sie sehen, wie ihre Ideen wahr werden, und sich ihrer Verantwortung für den sorgsamen Umgang mit anderen Lebewesen und ihren Lebensräumen bewusst werden.

Steht Ihr Plan einmal fest, erwarten Sie besser nicht, dass er exakt so umgesetzt werden kann. Die Dinge werden sich ändern, vielleicht aufgrund des Wetters oder durch einen Befall mit Pflanzenschädlingen, und sie müssen Ihren Plan entsprechend anpassen. Betrachten Sie dies als eine positive Lernsituation für alle Beteiligten und als einen guten Weg, praktische Problemlösestrategien, Belastbarkeit und emotionale Kompetenz zu entwickeln.

Bedenken Sie, dass auch kleine Veränderungen große Wirkung zeigen können. Das Aufstellen eines Vogelhäuschens, das die Kinder vom Fenster aus sehen können, oder ein paar umgestülpte Blumentöpfe in einer Ecke des gepflasterten Bereichs locken Vögel oder Bohrasseln innerhalb weniger Tage oder Wochen an. Das Spannende bei der Gestaltung Ihres Außengeländes liegt im Unerwarteten – darin, dass Sie nie genau wissen, was Sie finden werden, wenn Sie jeden Morgen hinausgehen und sich aufmerksam umsehen.

Die Gestaltung eines tierfreundlichen Gartens

Wenn Sie eine Ecke Ihres Gartens dem Wildwuchs überlassen, schaffen Sie ein Miniaturhabitat für viele einheimische Pflanzen und Tiere – Wirbellose und Vögel und, wenn Sie Glück haben, vielleicht sogar kleine Säugetiere. Es sollten Pflanzen wachsen, die Nahrung oder Schutz für verschiedene Tierarten bieten.

Schmetterlinge werden von Wildblumen angelockt, die sehr viel Nahrung in Form von Nektar produzieren. Dazu zählen z. B. Schlüsselblumen, Grindkraut, Flockenblume, Frauenflachs und Klee. Zur Vollendung ihres Lebenszyklus benötigen Schmetterlinge außerdem eine Möglichkeit, ihre Eier abzulegen, die auch Nahrung für die Raupen bietet. Brennnesseln sind eine ideale Futterpflanze für die Raupen vieler Schmetterlinge, u. a. vom roten Admiral, Kleinen Fuchs und vom Pfauenauge. Häufig sind ihre Eier an der Blattunterseite zu finden. Karden produzieren jede Menge Samen, die besonders Buchfinken anziehen.

Kleiner Tipp

Brennnesseln breiten sich äußerst schnell aus und rufen beim Anfassen Hautreizungen hervor. Um ihre Ausbreitung zu begrenzen, pflanzen Sie eine kleine Brennnesselwurzel in einen mittelgroßen Topf und graben diesen bis zum Rand in der Erde ein. Mit ein wenig Planung können Sie Ihr kleines Brennnesselbeet im hinteren Teil des Wildgartens in sicherer Entfernung von den Kindern pflanzen. Neben dem Brennnesselbeet sollte Ampfer wachsen, da Ampferblätter gut gegen Brennnesselstiche wirken, wenn sie damit eingerieben werden.

Die Kinder können an der Gestaltung des Wildgartens beteiligt werden, indem sie planen, wo welche Pflanzen stehen sollen, sie mit einpflanzen und gießen, bis sie stark genug sind. Der tägliche Besuch des Wildgartens bietet den Kindern Gelegenheit, die Veränderungen zu beobachten, die sich mit der Zeit einstellen, und verschiedenes Kleingetier zu sehen und zu bestimmen.

Wildblumenwiese

Wenn es im Außengelände noch eine freie Stelle gibt, könnten Sie dort eine Wiese mit einer Mischung von Wildblumen und Gräsern anlegen. Mähen Sie die Wiese nur im Herbst, wenn die Pflanzen aufgehört haben zu blühen und Samen zu entwickeln.

Hierfür gibt es fertige Samenmischungen zu kaufen. Sie können auch einzelne Samen von Butterblumen, Mohnblumen, Ochsenaugen, Kornblumen, Hornklee und Honiggras, Wiesen-Kammgras und Glatthafer kaufen.

Blumen zum Anlocken von Fluginsekten pflanzen

Duftende Blumen, die viel Nektar produzieren, ziehen verschiedene Bienen, Schmetterlinge und andere Fluginsekten an.
Sie könnten zusammen mit den Kindern eigene Pflanzen aus Samen ziehen oder Ableger von eifrigen Gartenfreunden aus Ihrer Gegend besorgen.

Geeignete Pflanzen wären:
- Blaukissen
- Spornblume
- Lavendel
- Witwenblume
- Sommerflieder
- Ochsenauge
- Heidekraut
- Wicke

Die Beete oder Töpfe sollten zum Pflanzen, Jäten und Gießen für die Kinder leicht zugänglich sein.

Des Weiteren sollten Sie über Folgendes nachdenken:
- Gartenwerkzeuge für Kinder
- Lagerung und Erreichbarkeit der Werkzeuge
- eine Wasserquelle in der Nähe – am besten wäre eine Tonne mit Deckel zum Auffangen von Regenwasser aus dem Abflussrohr
- Beaufsichtigung der Kinder bei ihrem Umgang mit dem Werkzeug

Mit der Anlage eines Sinnesgartens könnten Sie die Kinder dazu anregen, all ihre Sinne einzusetzen.

Geeignete Pflanzen für einen Sinnesgarten wären:
- Minze
- Lavendel
- Studentenblumen
- Sedum (Fetthennen)
- Thymian
- Silberblatt
- Gartennelken
- Karden
- Salbei
- Currypflanze
- Zittergras
- Schmielenhafer
- Pflanzen mit strukturierten oder farbigen Blättern
- stark duftende Blumen

Der Komposthaufen

Ein Komposthaufen kann den Kindern als praktisches Beispiel für die Abfallverwertung und zugleich als Beispiel der Entsorgung der in Ihrem Außengelände anfallenden Abfälle dienen und somit auch einen kostenlosen Vorrat an organischem Dünger liefern.

Das tun Sie
- Sie können entweder selbst einen Komposthaufen anlegen oder eine vorgefertigte Kompostkiste aus Holz oder Kunststoff verwenden.
- Stellen Sie die Kompostkiste an einen schattigen Ort, wo sie gut zugänglich ist, aber nicht im Weg steht. Geben Sie Blätter, abgeschnittenes Gras, verwelkte Pflanzen, Obst- und Gemüseabfälle, Eierschalen und benutzte Teebeutel hinein.
- Der Komposthaufen sollte zugedeckt werden, damit er trocken bleibt.
- Für den Kompost ist Luftzufuhr erforderlich, damit der Abfall faulen kann, daher benötigt man entweder eine Kompostkiste auf Beinen oder ein paar Ziegelsteine, um die Kiste hochzustellen, oder der Kompost wird regelmäßig mit einer Mistgabel gewendet.
- Möchten Sie den Kompostierungsprozess beschleunigen oder für die Kinder aufregender gestalten, setzen Sie ein paar Kompostwürmer hinein. Diese sind käuflich zu erwerben und fressen tagtäglich die Hälfte des eigenen Körpergewichts an Abfällen!
Hinweis!
Manchmal legen Blindschleichen ihre Eier in Komposthaufen ab. Blindschleichen sind Eidechsen ohne Beine und völlig **ungefährlich**. Lassen Sie die Kinder kurz schauen, aber achten Sie darauf, dass die Blindschleichen nicht gestört werden.

Lebendige Natur

Ein Holzstoß

Ein Holzhaufen erfüllt den Zweck, Nahrung, Schutz und eine Brutstätte für viele verschiedene kleine wirbellose Tiere zu bieten.

- Das ideale Ausgangsmaterial ist etwas Holz, das bereits zu faulen begonnen hat. Dazu könnte man ein paar welke Blätter und Zweige legen.
- Halten Sie den Holzhaufen niedrig, sodass er für die Kinder nicht zur Gefahr wird.
- Besprechen Sie mit den Kindern, wo Sie den Holzhaufen anlegen wollen. Ein schattiger Platz, an dem er sich ungestört entwickeln kann, ist ideal. Lassen Sie die Kinder bei der Anlage des Haufens helfen.
- Fordern Sie die Kinder auf, den Holzstoß regelmäßig zu prüfen und nachzusehen, ob sie etwas entdecken.
- Manches Kleingetier kann herausgenommen werden, um es genauer zu untersuchen. Stellen Sie aber sicher, dass die Kinder verstanden haben, dass sie alle Blätter, Holzstücke oder Rinde, die sie gewendet oder bewegt haben, wieder wie zuvor platzieren müssen.
- Sie können den Holzstoß als Anlass nehmen, die Kinder auf die Merkmale der verschiedenen wirbellosen Tiere, die sie dort finden, aufmerksam zu machen.

Nehmen Sie den Holzstoß als Ausgangspunkt für ein Gespräch.

Zum Beispiel:
- Hat das Tier Beine?
- Wenn die Antwort „nein" lautet, könnte es sich um einen Wurm, eine Nacktschnecke oder eine Schnecke handeln.
- Wenn die Antwort „ja" lautet, fragen Sie:
- Wie viele Beine hat es?
- Lautet die Antwort „acht", fragen Sie: Ist es eine Spinne?
- Lautet die Antwort „sechs", fragen Sie: Ist es ein Insekt?
- Lautet die Antwort „vierzehn", fragen Sie: Ist es eine Bohrassel?
- Lautet die Antwort „viele", könnte es sich um einen Tausendfüßer oder einen Hundertfüßer handeln.

Gemüse ziehen

Wählen Sie für Ihr Gemüsebeet einen für die Kinder leicht zugänglichen Ort aus, damit sie dort graben und ihre Pflanzen pflegen können. Eine Wasserquelle und der Komposthaufen oder die Komposttonne sollten in der Nähe sein. Denken Sie daran, dass neben dem Gemüsebeet ein paar Pflastersteine oder anderer Bodenbelag benötigt werden, sodass auch bei schlechtem Wetter gegraben werden kann.

Zu Beginn der Vegetationszeit sollte das Gemüsebeet von einer erwachsenen Person umgegraben werden, um bestmögliche Wachstumsbedingungen zu schaffen. Danach müsste es für die Kinder möglich sein, sich selbst um das Beet zu kümmern, d. h. Kompost unterzugraben, zu pflanzen, zu jäten und gießen, jedoch unter der Aufsicht des pädagogischen Personals.

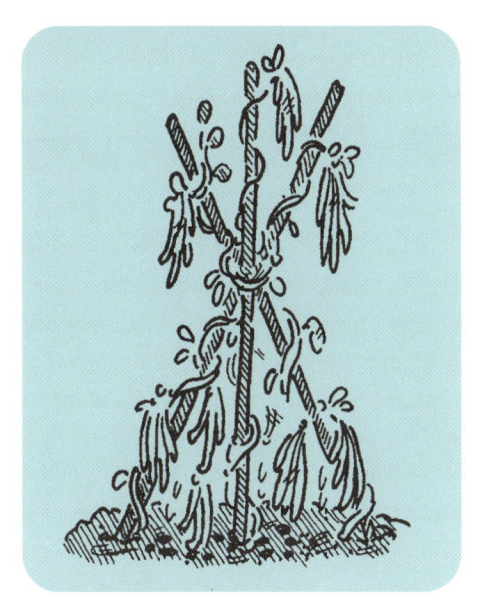

Gemüse in Behältern ziehen

Viele Obst- und Gemüsearten lassen sich in Behältern wie Kübeln, Töpfen, Substratsäcken oder sogar alten Reifen ziehen.

Zu diesen Pflanzen gehören:
- Zwergobstbäume
- Salat
- Paprika
- Chili
- Erdbeeren
- Radieschen
- Melonen
- Stangenbohnen
- Tomaten
- Auberginen
- Zierkohl
- Kräuter (Schnittlauch, Minze, Thymian, Petersilie usw.)
- Gurke, Gartenkürbis und Zucchini
- Heidelbeeren

Lebendige Natur

Ein Heim für Tiere in freier Natur

Vogelfutter und Vogelbäder

Wenn man verschiedene Arten von Knabberhölzern und Vogelfutter auslegt oder aufhängt, wird Ihre Einrichtung schon bald von gefiederten Gästen aufgesucht werden. Das Futter sollte so platziert sein, dass den Vögeln ein Fluchtweg bleibt, z. B. eine Mauer oder ein Baum. Die Beobachtung der Vögel bietet den Kindern viele Lernanlässe.

Platzieren Sie das Vogelfutter möglichst nicht in Bodennähe, da dies Ungeziefer anlockt. Stellen Sie stattdessen ein Vogelhäuschen auf oder hängen Sie Kolben usw. draußen auf.

- Legen Sie Sämereien, Fett und eingeweichte Trockenfrüchte in das Vogelhäuschen.
- Hängende Futterstellen können mit Sonnenblumensamen und ungesalzenen Erdnüssen gefüllt werden oder Sie hängen gekaufte Fettkuchen und Knödel auf.
- Amseln und Drosseln mögen gerne Äpfel und Birnen.
- Im Garten angepflanzte Beerensträucher und -bäume wie Zwergmispeln, Vogelbeeren und Stechpalmen bieten den Vögeln regelmäßig Nahrung.
- Sorgen Sie dafür, dass die Vögel jeden Tag frisches Wasser zum Trinken und Baden haben. Nehmen Sie warmes Wasser, wenn es sehr kalt ist.

Nistkästen für Vögel, Fledermäuse und Igel

Nistkästen können zu jeder Jahreszeit aufgestellt werden. So können sich die Vögel langsam damit vertraut machen, wobei jedoch für Kästen, die vor Ende Februar aufgestellt werden, die größte Chance besteht, während der Brutzeit genutzt zu werden.

Man kann Nistkästen an Mauern, Bäumen oder Gebäuden etwa drei bis vier Meter über dem Boden befestigen. Es sollte ein Ort sein, an dem sich die Vögel sicher fühlen, wo sie eine klare Flugbahn und Schutz vor Wind und Wetter sowie auch vor starker Sonne haben. Wichtig ist, die Vögel während der Brutzeit niemals zu stören, besonders dann nicht, wenn Junge im Nest sind.

Im Oktober oder November sollten die Nistkästen gründlich gereinigt werden. Kästen oder Nester für Fledermäuse, Bilche (Schlafmäuse) und Igel können fertig gekauft oder selbst hergestellt werden, um auch kleine Säugetiere in die Einrichtung zu locken.

Ein Schlafplatz für Krabbeltiere

Marienkäfer überwintern in der Natur in hohlen Stängeln und Stämmen. Wenn Sie kurze Bambusstäbe zusammenbinden, lassen sich darin gerne Marienkäfer und andere Insekten nieder, die nach einer Überwinterungsmöglichkeit suchen. Terrakottatöpfe, Luftziegel, große Steine bieten ein Heim für Schnecken, Bohrasseln und Käfer.

Teiche, Tümpel und Pfützen

Wenn Sie den entsprechenden Platz haben, könnten Sie über ein kleines Feuchtgebiet nachdenken, um die Pflanzen- und Tierwelt in Ihrer Einrichtung vielfältig zu gestalten.

Im Teich

Mit der Anlage eines Teiches bringen Sie **einheimische Pflanzen und Tiere** in Ihre Einrichtung. Er muss nicht sehr groß oder tief sein.

> *Kleiner Tipp*
>
> Die **Sicherheit** steht bei der Anlage eines Teiches an oberster Stelle. Kinder müssen dort stets beaufsichtigt werden. Überprüfen Sie stets anhand der **für Ihre Einrichtung geltenden Sicherheitsrichtlinien**, ob der Teich den Sicherheitsstandards entspricht. Einen Teich legt man am besten im Randbereich des Außengeländes an einem hellen, geschützten Ort an. Eine Umzäunung würde sicherstellen, dass die Kinder diesen Bereich nur unter Aufsicht Erwachsener betreten. Als zusätzliche Sicherheit könnte der Teich mit einem Metallgitter abgedeckt werden.

Regelmäßige Besuche des Teichs bieten den Kindern zahlreiche Gelegenheiten, sich mit folgenden Regeln vertraut zu machen:

> *Kleiner Tipp*
>
> **Wassersicherheit**
> - Erst gucken, dann anfassen.
> - Den Lebewesen nähert man sich leise.
> - Keine kompletten Pflanzen aus dem Teich entfernen.
> - Tiere nach der Beobachtung immer in den Teich zurückbringen.
> - Vor und nach dem Umgang mit Lebewesen stets die Hände waschen.
> - Keinen Müll oder Abfall in den Teich werfen.
> - Sie könnten sich auch an den Bereich Naturerfahrung/Erlebnispädagogik Ihrer Ortsgruppe des Naturschutzbundes wenden.

Die Anlage eines Teichs, Beckens oder Sumpfes

Den Teich planen

Beteiligen Sie die Kinder an der Planung und Anlage von Teich, Becken oder Sumpf. Lassen Sie sie mit entscheiden, wo der Teich sein soll, wie groß er sein soll und welche Form er haben soll. Sehen Sie sich mit den Kindern Fotografien von Naturteichen an und sprechen Sie mit ihnen über die Pflanzen, die dort wachsen, und die Tiere, die darin leben – Frösche, Kröten, Wassermolche, Schnecken, Libellen und Wasserkäfer. Wichtig ist, den Kindern klarzumachen, dass sie das Feuchtbiotop als einen speziellen Lebensraum anlegen, der über einen langen Zeitraum gepflegt und geachtet werden muss.

Den Teich anlegen

Dokumentieren Sie die gesamte Anlage mit Fotos und beteiligen Sie in jeder Phase möglichst viele Kinder. Verwenden Sie diese Rückschau auf das Projekt später im Jahr, um über die Veränderungen, die im Laufe der Zeit eingetreten sind, zu sprechen.

Die Kinder können helfen, die künftige Form des Teichs zu markieren – entweder mithilfe eines für diesen Zweck gekauften ungiftigen Farbsprays oder mit Wäscheklammern und Schnüren. Sie können sich auch am Ausheben des Teichs beteiligen, jedoch muss für einen Teich, egal welcher Größe, generell ein Team kräftiger und ausdauernder Ausgräber rekrutiert werden! Ebenso ist zu bedenken, wie die ausgegrabene Erde entsorgt werden soll.

Der einfachste Weg, den Teich abzudichten, ist die Verwendung von **Butyl oder einer anderen flexiblen Folie**. Der Teich muss nicht besonders tief sein, da die meisten Tiere sich im flachen Wasser und am Rand aufhalten. **Alle scharfkantigen Steine sollten entfernt und der Grund des Teichs mit einer Polsterung** (Zeitung, Teppich oder Sand) zum Schutz der Folie **ausgelegt werden**. Graben Sie die überstehende Folie rund um den Teich ein oder legen Sie Pflastersteine darauf, sodass der Rand eine feste Standfläche bietet.

Wenn Sie den **Teich mit Wasser füllen** (vorzugsweise aus der Regentonne), nimmt die Folie die Form der ausgehobenen Grube an. **Lassen Sie das Wasser ein paar Tage stehen**, bevor der Teich ausgestattet wird. Am einfachsten lassen sich kleine **Wirbeltiere** ansiedeln, wenn man einen Eimer Wasser aus einem bereits bestehenden Teich zugibt.

Für ein gutes und frisches Habitat sollte der Teich mit verschiedenen **einheimischen Pflanzen** bestückt werden. Versuchen Sie es mit hohen Pflanzen wie ästigem Igelkolben, Süßgras (Mariengras) und Ufersegge. Rund um den Teich gedeihen Wasser-Schwertlilien gut. Pflanzen Sie dazu **Schwimmpflanzen** an, z. B. Wasser-Knöterich und Kamm-Laichkraut.

Lassen Sie den Teich sich entwickeln und reifen. Haben sich die Pflanzen einmal etabliert, wachsen Sie kräftig und müssen **einmal im Jahr ausgedünnt** werden.

Den Teich erforschen

Gehen Sie regelmäßig in **kleinen Gruppen** mit den Kindern zum Teich.

Stellen Sie Fragen wie:
„Seht ihr Insekten umherfliegen?"
(Vielleicht sind Libellen, Wasserjungfern oder Eintagsfliegen zu sehen.)
„Was spielt sich an der Oberfläche ab?"
(Halten Sie Ausschau nach Ruderwanzen oder Wasserläufern.)
„Was könnt ihr im Wasser beobachten?"
(Schauen Sie aufmerksam nach Gelbrandkäfern, Köcherfliegenlarven oder Süßwassergarnelen.)
„Seht ihr Tiere auf den Pflanzen"?
(Hier könnten Schlammschnecken und Libellennymphen zu sehen sein.)

Um die Beobachtung der Lebewesen im Teich **zu vereinfachen**, können Sie mit einem Plastikgefäß eine Wasserprobe nehmen und diese mit hineinnehmen. **Gießen Sie Ihre Probe vorsichtig in eine flache weiße Wanne** und betrachten Sie Ihre Funde aufmerksam durch eine Hand- oder Standlupe. Bieten Sie den Kindern **dünne Buntstifte** an, mit denen Sie Beobachtungszeichnungen der entdeckten Tiere anfertigen können.
Wenn Sie Glück haben, lassen sich Frösche oder Kröten in Ihrem Teich nieder.
Fördern lässt sich dies, indem man ein paar hohe Pflanzen und Gräser um den Teich herum stehen lässt, die Lurchen Schutz und Verstecke bieten. Mehr über den Umgang mit Froschlaich und Kaulquappen lesen Sie bitte auf (Seite 58).

Im Wald

Bevor Sie sich auf den Weg machen
Besprechen Sie, was die Kinder über Bäume wissen.
- Wie sehen sie aus?
- Wie fühlen sie sich an?
- Wie groß sind sie?
- Sind sie alle gleich?
- Sehen sie das ganze Jahr über gleich aus?

Sehen Sie sich Bilder und Fotos von Bäumen an und gehen Sie auf die Gemeinsamkeiten und Unterschiede ein. Gehen Sie mit den Kindern nach draußen und helfen Sie ihnen, die Bäume zu erkunden, die um Ihre Einrichtung herum stehen.
- Leben die Bäume? Woher wissen wir das?
- Wie lange stehen sie wohl schon hier?
- Wie sind sie hierhergekommen?
- Warum stehen Bäume in den Straßen, Parks oder im Garten?

Notieren Sie alle Kommentare der Kinder bei diesen Gesprächen. So können Sie vielleicht auf ein paar interessante Theorien zurückgreifen, die Sie weiter verfolgen möchten, und es werden einige Fragen aufgeworfen, die der Ausflug in den Wald vielleicht beantwortet.
Planen Sie den Waldspaziergang zusammen mit den Kindern. Sprechen Sie anhand von Bildern und Fotos über die verschiedenen Dinge, die dort zu finden sein könnten. Alte Kalender und Karten sind oft eine gute Bildquelle.
Sprechen Sie über verschiedene Merkmale einer Umgebung – Pflanzen und Tiere. So können sich die Kinder besser auf das einstellen, was sie bei ihrem Besuch im Wald entdecken wollen.
Sprechen Sie bei der Gruppeneinteilung für Ihren Waldspaziergang über die Schätze des Waldes, nach denen die einzelnen Gruppen Ausschau halten sollen. Dies könnten gefallenes Laub, Zweige und kleine Äste, Nüsse oder Zapfen, Rinde und Vogelfedern sein. Geben Sie den Kindern kleine Beutel mit, in denen sie ihre Schätze sammeln können. Weisen Sie die Kinder darauf hin, nichts in den Mund zu nehmen, auch nicht die Finger.

Der Spaziergang

Helfen Sie den Kindern, alle ihre Sinne auf die Naturerfahrung im Wald zu richten.
- Was ist zu sehen? Ist es hell oder dunkel?
- Was ist zu hören?
- Was ist zu riechen?
- Wie fühlen sie sich?

Dokumentieren oder notieren Sie die Kommentare der Kinder, sodass Sie eine vollständige Dokumentation des Waldspaziergangs als Gesprächsgrundlage haben, wenn Sie das Ereignis in der Einrichtung noch einmal nachbesprechen.

Schlagen Sie den Kindern vor, „**Baumdetektiv**" zu spielen:
- Glaubt ihr, dass alle Bäume genau gleich aussehen? Sind sie gleich groß?
- Wie fühlt sich die Rinde an? Welche Farbe hat sie?
- Welche Form haben die Blätter? Welche Farbe haben die Blätter? Sind sie alle gleich?
- Seht ihr Blüten, Zapfen oder Samen an den Bäumen?
- Wie hoch mag der Baum wohl sein? Stellen Sie sich unter einen Baum und sehen Sie hinauf. Wie sieht er aus? Was ist zu sehen, was ist zu hören?

Sammeln Sie etwas Laubabfall ein, den Sie mit in die Einrichtung nehmen, um ihn dort genauer zu untersuchen.
- Seht ihr irgendwelche Lebewesen in den Bäumen?

(Eichen sind für diese Beobachtung besonders gut geeignet. Suchen Sie in kleinen Löchern im Baumstamm oder da, wo die Rinde beschädigt ist.

Unter einem niedrigen Ast **könnten Sie ein weißes Tuch oder einen großen Bogen Papier ausbreiten** und dann mit einem Spazierstock leicht auf den Ast klopfen. Dies kann große Aufregung verursachen, wenn die kleinen wirbellosen Tiere aus dem Baum fallen.
- Wachsen unter den Bäumen irgendwelche Pflanzen oder Blumen? Wie sehen sie aus?
- Könnt ihr Farne oder Moose oder Pilze entdecken?
- Gibt es Hinweise auf Vögel, Eichhörnchen, Feldmäuse, Kaninchen, Dachse?

Anzeichen, nach denen man suchen kann, sind:
- Nester oder Vogelgesang
- angeknabberte Nüsse und Zapfen
- Stellen, an denen Eichhörnchen die Rinde abgezogen haben
- Spuren oder Abdrücke von Pfoten
- Löcher in der Erde

Lebendige Natur

Nach dem Spaziergang

Untersuchen Sie den Laubabfall, den Sie unter den Bäumen gesammelt haben. Breiten Sie das Laub auf einer hellen Unterlage aus und benutzen Sie eine Plastikpinzette, um das Material vorsichtig zu wenden und nach kleinen wirbellosen Tieren zu suchen. Sammeln Sie Ihre Funde in einer Lupendose.

Wirbellose Tiere, die im Laub stecken könnten:

- Ohrwürmer
- Schnecken
- Marienkäfer
- Holzameisen
- Regenwürmer
- Raupen
- Spinnen
- Bohrasseln

▶ Denken Sie daran, die Tiere wieder in das Laub zurückzusetzen, und platzieren Sie das Laub dann an einen geeigneten Ort in Ihrem Außengelände.
▶ Sehen Sie sich die gesammelten Blätter, Zweige usw. gemeinsam mit den Kindern aufmerksam an. Sprechen Sie mit den Kindern über die verschiedenen Farben, Beschaffenheiten, Formen und Anordnungen der Blätter. Vergleichen Sie Ober- und Unterseite der Blätter miteinander.
▶ Lassen Sie die Kinder (anhand der Blätter) Bäume identifizieren. Um sie zu bestimmen, können Bilder und Fotos sowie Sach- und Bestimmungsbücher eingesetzt werden.
▶ Wenn Sie Samen gesammelt haben, z. B. Ahorn, Haselnuss, Buchecker oder Zapfen von Nadelbäumen, können Sie versuchen, daraus neue Bäume zu ziehen. Bevor Sie dies tun, sollten Sie sich überlegen, wo die neuen Bäume eingepflanzt werden sollen, wenn sie so weit gewachsen sind, dass sie umgepflanzt werden können. Bedenken Sie, dass Eichen, Buchen und Nadelbäume sehr groß werden.
▶ Pflanzen Sie die Samen auf einer ca. 15 cm hohen Mischung aus Gartenerde und Kompost ein. Bedecken Sie die Samen mit einer Schicht, die etwa 1,5-mal so hoch ist wie die Samen, und gießen Sie regelmäßig. Wenn die Setzlinge zu jungen Bäumen herangewachsen sind, können Sie den Kinder beim Umpflanzen sowie beim regelmäßigen Gießen und Jäten helfen, bis sich die Bäume gut etabliert haben.
▶ Sammeln Sie die Erinnerungen der Kinder an den Waldspaziergang, Wörter und Bilder, und gestalten Sie daraus eine Ausstellung oder ein Buch, die bzw. das sich auch Eltern und Besucher ansehen können.
▶ Gestalten Sie den Rollenspielbereich zu einer Baumschule, einem Gartencenter oder einem Besucherzentrum im Wald um.
▶ Sie könnten die Lernerfahrungen der Kinder durch weitere Besuche im Wald zu verschiedenen Jahreszeiten oder durch den Besuch eines Naturschutzgebiets oder Nationalparks erweitern.

Am Meer

Ein Ausflug an den Strand bietet Kindern Gelegenheit, einen Lebensraum zu entdecken, der im Kontrast zu der unmittelbaren Umgebung Ihrer Einrichtung steht. Die dort zu findenden Pflanzen und Tiere sind neu, es gibt andere Gerüche und Geräusche.

Bevor Sie sich auf den Weg machen

Sprechen Sie mit den Kindern über ihre Erfahrungen mit Strandbesuchen.
Sehen Sie sich Bilder, Bücher und Fotos verschiedener Strände und Meeresküsten an:

- Sandstrände
- Rockpools (Wasserstellen, die sich bei Ebbe zwischen den Felsen bilden)
- Häfen
- Sanddünen
- Felsen

Sprechen Sie über die Gezeiten und die Sicherheit am Wasser.

- Sehen Sie sich Fotos mit Warnhinweisen und Flaggen am Strand an und sprechen Sie über die Rolle von Strandwachen und Rettungsschwimmern.
- Sie könnten den Besuch eines Bildungsbeauftragten der deutschen Seenotrettungsgesellschaft organisieren, der über den sicheren Strandaufenthalt spricht.

Bitten Sie die Kinder zu überlegen, welche Pflanzen- und Tierarten es am Strand zu entdecken gibt, und nehmen Sie dies als Ausgangspunkt, gemeinsam Bilder und Fotos anzuschauen.

Machen Sie sie auf einige **unterschiedliche Lebensräume** am Strand aufmerksam:

- oberhalb der Flutlinie – immer trocken,
- in den Rockpools – je nach Gezeitenstand feucht oder trocken,
- unterhalb der Ebbelinie – immer feucht.

Thematisieren Sie die Küstenschutzvorschriften:

Lassen Sie Pflanzen und Tiere stets dort, wo sie sind.
Platzieren Sie gewendete Steine und Tang wieder dort, wo Sie sie gefunden haben.
Entfernen Sie keinen Tang, der auf den Felsen wächst. Er hat sich dort über viele Jahre entwickelt.
Nehmen Sie nur leere Schneckenhäuser mit nach Hause. In manchen Schalen lassen sich Einsiedlerkrebse nieder, wenn der ursprüngliche Bewohner nicht mehr lebt.
Nehmen Sie Ihre Abfälle mit, lassen Sie niemals Müll am Strand zurück.
Möwen nicht füttern.

Lebendige Natur

Der Ausflug

- Helfen Sie den Kindern, alle ihre Sinne auf die Naturerfahrung am Strand zu richten.
  - Was ist zu sehen?
  - Was ist zu hören?
  - Was ist zu riechen?
  - Wie fühlen sie sich?
- Dokumentieren oder notieren Sie die Kommentare der Kinder, sodass Sie eine vollständige Dokumentation des Ausflugs ans Meer als Gesprächsgrundlage haben.
- Machen Sie viele Fotos von der Strandlandschaft und den verschiedenen Lebensräumen darin – von der Gezeitenlinie, den Felsen und den Rockpools.
- Untersuchen Sie den Bereich um die Flutlinie. Welche Schätze sind dort zu finden?
- Fordern Sie die Kinder auf, sich die verschiedenen Seetangarten, die angespült wurden, aufmerksam anzusehen – Farbe, Form, Beschaffenheit und Geruch. Sammeln Sie ein paar Exemplare ein, die Sie mit in die Einrichtung nehmen.
- Suchen Sie nach Treibholzstücken und sprechen Sie über deren Form und Farbe. Woher mögen sie wohl stammen?
- Suchen Sie leere Muscheln und Schalen in verschiedenen Größen, Farben, Formen und Beschaffenheiten. Helfen Sie den Kindern, eine Schalensammlung zusammenzustellen.
- Suchen Sie glatte Steine und Kiesel in verschiedenen Farben und Formen.
- Fühlen Sie den Sand – ist er weich oder grob und körnig? Nehmen Sie etwas Sand mit.
- Halten Sie nach Müll am Strand Ausschau, z. B. Plastikflaschen und Tüten. Machen Sie die Kinder darauf aufmerksam, aber bitten Sie sie, ihn nicht anzufassen.
- Gibt es Vögel am Strand? Machen Sie Laute? Welche Farbe, Größe und Form haben sie? Lässt sich die Form des Schnabels, der Beine oder Füße erkennen?
- Sind am Strand Fußabdrücke oder Spuren zu entdecken? Von wem könnten sie stammen?
- Gibt es am Strand Napfschnecken, Rankenfußkrebse oder Muscheln, die an den Felsen kleben? Was geschieht mit ihnen, wenn die Flut kommt?
- Untersuchen Sie ein paar Rockpools mit den Kindern. Suchen Sie nach:
  - Seeanemonen – sie sind häufig rot oder violett
  - Seeigel – mit Dornen besetzt
  - Seetang – feiner Meeressalat (Ulven) und rote Algen
  - Weichtiere – Muscheln, Wellhorn, Strandschnecke
  - Einsiedlerkrebse – weichhäutige Krebse, die das leere Haus eines Weichtiers beziehen
  - Garnelen – fast durchsichtig und schwer zu sehen
  - Seesterne – fünf Arme und Saugfüßchen auf der Unterseite des Körpers
  - Krebse – verstecken sich unter Seetang und Felsen

Schauen Sie genau hin, machen Sie Fotos, aber stören Sie die Tiere nicht.

Lebendige Natur

Nach dem Ausflug

- Bereiten Sie den Ausflug an den Strand gemeinsam mit den Kindern nach. Helfen Sie ihnen, sich an die Dinge, die Sie gesehen haben, zu erinnern.
- Können sie sich an den Geruch, das Geräusch und den Anblick des Strands erinnern?
- Sehen Sie sich die verschiedenen gesammelten Schätze an – Schalen, Steine und Seetang – und helfen Sie den Kindern, sie anhand von Bildern und illustrierten Sachbüchern zu bestimmen.
- Untersuchen Sie den mitgebrachten Sand, seine Beschaffenheit und Farbe. Sehen Sie ihn sich mit einer Lupe genau an. Was sehen Sie?
- Sehen Sie sich die Beschaffenheit des Seetangs genauer an. Fordern Sie die Kinder auf, sich eigene Wörter auszudenken, die beschreiben, wie er sich im nassen und im trockenen Zustand anfühlt.
- Versuchen Sie, ein Stück Tang als Seetangbarometer aufzuhängen. Bei trockenem Wetter ist der Tang trocken und steif, wenn es regnen wird, nimmt der Tang Feuchtigkeit aus der Luft auf und wird weich.
- Fordern Sie die Kinder auf, mit Steinen, Treibholz, Sand und Muscheln einige Strandmuster und -bilder zu gestalten. Verwenden Sie keinen Klebstoff – die Bilder sollen nur vorübergehende Anordnungen sein, die von den Kindern umgestaltet werden können.
- Arbeiten Sie mit den Kindern an einer Nachbildung des Strandes in der Sand- oder Farbwanne oder draußen auf einem Steinbrett. Stützen Sie eine Seite der Wanne ab, sodass sie leicht geneigt ist, füllen Sie etwas Sand als Strand hinein und gießen Sie dann Wasser zur Nachbildung des Meeres hinein. Schlagen Sie den Kindern vor, einige Dinge aus der Spiel-/Puppenecke und einige der mitgebrachten Muscheln, Steine und Treibholzschätze hineinzulegen.
- Benutzen Sie den Müll am Strand als Ausgangspunkt für ein Gespräch über unsere Verantwortung für den Schutz verschiedener natürlicher Lebensräume.
- Erstellen Sie eine Fotodokumentation als Buch oder Ausstellung zur Illustration Ihres Strandausflugs. Verwenden Sie dabei die Wörter, die die Kinder zur Beschreibung ihrer Erlebnisse und Entdeckungen benutzt haben.
- Stellen Sie ein paar Strandschätze und Lupen zusammen mit entsprechenden Sachbüchern bereit und laden Sie die älteren Kinder ein, „Stranddetektive" zu spielen und ihre Funde zu bestimmen.
- Bauen Sie den Rollenspielbereich in einen Rettungsposten oder eine Küstenwachenstation um. Oder helfen Sie den Kindern, eine imaginäre Unterwasserwelt dazustellen. Stellen Sie Ihnen Stoffe zur Verfügung, mit denen sie sich verkleiden können. Geben Sie ihnen Masken, Schnorchel und Flossen, Badebekleidung, Strandtücher usw.
- Erweitern ließe sich die Lernerfahrung der Kinder mit dem Besuch eines Aquariums.

Lebendige Natur

Nützliche Hinweise, Bücher und Hilfsmittel

„Unser Storch Rudi", Heiderose und Andreas Fischr-Nagel, Carlsen Verlag, Hamburg
„Paul Pinguin", Eva André und Peter Mrozek, Carlsen Verlag, Hamburg
„Ich kann das auch" von Silke Brix, Oettinger Verlag
„Ach hätte, könnte, wollte, wäre ich" von Karin Holländer und Thilo Krapp, Residenzverlag
„Ich kann das" von Paul Friester und Susanne Smajic, Nord-Süd-Verlag
„Willi hilft mit" von Barbara Moßmann, Thienemann Verlag
„Wir erleben die Natur. Die Dicke Bohne" von Barrie Watts und Christine Beck, Peters Kinderbuchverlag
„Nick Nase und die Superpflanze" von Majorie Weinmann und Detlef Kerten, Ravensburger
„Mein erstes Buch vom Wachsen" von Neil Ardley und Pete Gerdner, Tessloff Verlag Nürnberg
„Der Mensch und sein Körper", Hrsg.: Angela Wilkers, Tessloff Verlag
„Atmen" von Paul Bennet, Saatkorn Verlag
„Unser Körper" von Patricia Mennen und Milada Krautmann, Ravensburger
„Wir erleben die Natur. Die Hyazinthe" von Jennifer Coldrey und Georg Bernard, Peters Kinderbuch Verlag
„Rund um die Kastanie" von Michael Papenberg, Kinderbuchverlag Luzern
„Der Mensch und sein Körper", Hrsg.: Angela Wilkers, Tessloff Verlag
„Wir tragen noch das Kinderkleid" von Susanne Riha, Annette Betz Verlag
„Einfach irre! Liebe, Sex und Kinderkriegen" von Robie H. Harris und Michael Emberley, Alibaba Verlag
„Der menschliche Körper" (WAS IST WAS Band 050) von Stefan und Kirsten Bleich, Tessloff Verlag
„Wie das Leben beginnt" von Chrissy Rankin und Jennifer Coldrey, Tessloff Verlag
Buch: „Meine Brille", Der Guckkasten Verlag
„Steffen geht in die Sehschule" von Brigitte Wienert, Schnetztor Verlag
„Fühl mal, was du siehst" von Dagmar Binder und Maria Blazejovsky, Sauerländer Verlag
„Der Wolf" von Chrisian Havard, Esslinger Verlag
„Nelly und Nero. Fühlen, schmecken und andere Sinne" von Ingrid Godon, Oettinger Verlag
„Nicht hören können", Saatkorn Verlag
„Was hört der Bär" von Michèle Lemieux
„Milli-Metha's. Ernährungsspiel-Abenteuer im Bauch des Riesen" von Christian Schlosser und Maren Barber

„Vom kleinen Maulwurf, der wissen wollte, wer ihm auf den Kopf gemacht hat" von Werner Holzwarth und Wolf Erlbruch, Peter Hammer Verlag

„Pollys Pisspott oder die Suche nach dem königlichen Nachtgeschirr" von Tony Ross, Alibaba Verlag

„Guck mal, Fritz der Frosch", Kosmos Verlag

„Flaschenpost schwimm übers Meer" von Lohre Leher und Astrid Krömer, Kerle bei Herder Verlag

„Der kleine Seefahrer" von Theresa Tomlinson und Jane Browne, Moritz Verlag Farnkfurt

„Jan und das Meer", Gerald Aschenbrenner, Ellermann

Materialien

Die folgenden Materialien unseres Kooperationspartners Wehrfritz eignen sich besonders für die Arbeit mit dem Buch „Lebendige Natur".

Sie finden sie in Ihrem Wehrfritz-Katalog:
- Scheren (z. B. Helferschere mit Feder, Linkshänderschere, Sicherheitskinderschere)
- Gießkanne
- Unzerbrechliche Kinderlupe
- Juniormikroskop
- Niederschlagsmesser
- Kinderklebestifte
- Messgefäße-Set
- Trichter-Set
- Kompass
- Balance-Waage
- Stoppuhr

Notizen

Notizen